# Dr. Klugscheiss
## und das wahre Leben

---

Comedy

AF210960

zusammengestellt von Lukas Kaahs

ISBN 3-8311-1701-2

Copyright © 2001 HEILE WELT Verlag, Altötting, Germany

Idee & Manuskript: Lukas Kaahs
Zeichnungen: Frisi, Herbert Friesenecker
Layout: AiN, Andrea Neumann, Burghausen
Umschlaggestaltung: Xenos, Altötting
Made & printed in Germany

Herstellung: Books on Demand GmbH

**Psychologen´s Morgengebet:**

---

Lieber Gott,

führe alle Menschen zum Psychologen,

besonders jene, die am meisten auf der hohen Kante haben,

und bewahre mich vor jenen, die ihren Seelenmüll
bei diversen Zeitungspsychochaoten abladen

und auch noch abdrucken lassen

zur Belustigung aller.

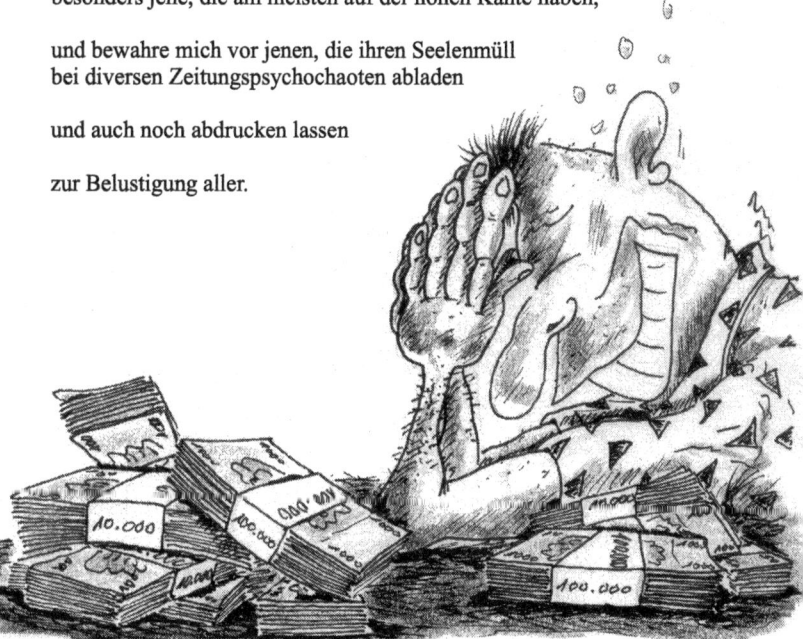

# Inhaltsverzeichnis:

| Thema | Seite |
|---|---|

Ein Wort zuvor............................................................... 10
Ein Satz danach............................................................. 151


## Weibliche Problemstellungen

Adelbremse.................................................................... 19
Alki-Test....................................................................... 79
Ausdrucksweise zerstört Familienbande............................. 56
Ausgespannt.................................................................. 72
Bananen-Strip................................................................ 37
Beleidigter Pariser.......................................................... 12
Blond und klug.............................................................. 26
Blumen als Schimpfname................................................. 96
Brechreiz beim Zungenkuss...............................................57
Brümselfreund borschelbar?............................................. 90
Computerprügel............................................................. 43
Die Frage nach Sex........................................................ 70
Domestos hilft............................................................... 24
Einschleimer.................................................................. 112
Ententrauer................................................................... 44
Essen beim Sex.............................................................. 60
Fahrlässig..................................................................... 149
Falsche Karte................................................................ 64
Gebildeter Raumpfleger................................................... 84
Gefährliche Nüschelschläge.............................................. 125
Geschäftsverkehr unerwünscht......................................... 32
Gleichheit für alle.......................................................... 75
Hautverlust durch Klebebrille........................................... 74
Hilfe! Ich bin ein Suchtbolzen!......................................... 48
Intelligenz dank roter Haare............................................ 71

Käsige Entführung ............................................................ 61
Kein Sex im Korsett ......................................................... 20
Klebetraum ....................................................................... 64
Knuddelkollege ................................................................ 73
Kussschwanger ................................................................ 145
Lautstarke Busgase ........................................................... 43
Leberkäs-Deutung ............................................................ 82
Leiden durch BH-Verzicht ................................................ 102
Liebe ist ........................................................................... 26
Luftumwandler defekt ...................................................... 29
Mähdrescher ..................................................................... 143
Männer mögen´s seltsam (scharfe Mieze) ........................ 126
Mein Körper spielt verrückt! ............................................ 62
Meuchelgefahr durch Bürstencrash ................................. 116
Miefmuffel ........................................................................ 39
Missionarsstellung ........................................................... 31
Mobile Versagerin ........................................................... 27
Mord durch Psychoanalyse ............................................... 38
Muffelflucht ...................................................................... 93
Nasensteiß ........................................................................ 49
Nichts wackelt mehr ......................................................... 58
Nierenversuchung ............................................................. 89
Nuckeln statt blasen ......................................................... 117
Opa fordert Dank .............................................................. 139
Pantoffeln zu Helden erklärt ............................................ 88
Pfannenschaden ................................................................ 52
Pfrömel - unhörig ............................................................. 44
Pickel behindert Entkleidung ........................................... 81
Popo weg, was dann? ........................................................ 13
Pubertätskrise ................................................................... 131
Rapsallergie ...................................................................... 53
Rasierender Ehemann ....................................................... 34
Raupenbewusstsein ........................................................... 35
Salzlawinengefahr ............................................................ 127
Schmidt-Show geschädigt ................................................ 87
Schminkpreis zu hoch ....................................................... 105
Schneckenfrage ................................................................. 60
Schnippchen - Schnäppchen ............................................. 150

| Thema | Seite |
|---|---|

Schwester schmählich im Stich gelassen.................................... 103
Schwules Hundeglück .................................................................. 65
Senf-Aktien.................................................................................. 129
Sexbesessener Kollege ................................................................ 140
Sexgrunzer................................................................................... 95
Sexmuffel..................................................................................... 97
Sexualpenner................................................................................ 120
Siebige Rechnung........................................................................ 54
Steine gegen Elektrosmog ........................................................... 16
Telefon nur bei Abwesenheit ...................................................... 39
Telefonseelsorge macht mich pleite............................................ 148
Tierischer Würstchenfetischist .................................................... 75
Unbenutzt ist unerträglich ........................................................... 50
Unsichere Hochzeitsnacht ........................................................... 132
Unverständlicher bayrischer Sprachschatz.................................. 91
Vater tobt! Ehefrau 64 Jahre jünger!........................................... 92
Wände haben Augen..................................................................... 137
Wanderpokal aus Unwissenheit.................................................. 40
Weiblicher Antrag........................................................................ 100
Weineimer für Heulsusen ............................................................ 80
Wie bewerbe ich mich richtig?.................................................... 33
www.irrwitz.de ............................................................................ 83

## Männliche Problemstellungen

Als Anhalter vernascht................................................................ 115
An den Haaren herbeigezogen...................................................... 50
Ausgereizte Reizwäsche.............................................................. 28
Auto verschmäht - was nun?........................................................ 133
Beengte Nudelküche..................................................................... 101
Bereuender Krötenkiller .............................................................. 17
Blaues Problem durch Kantinenkoch .......................................... 146
Böses Erwachen............................................................................ 59
Computerliebe .............................................................................. 25

Computerliebe Teil 2............................................................ 41
Desperado olé ..................................................................... 128
Dreschender Landwirt ........................................................ 69
Elchiger Albtraum .............................................................. 138
Elefanten-Allergie .............................................................. 104
Existenzangst durch Edelwaffe ......................................... 98
Fersengeld beinahe wertlos ............................................... 106
Feuchter Schlüpfer.............................................................. 69
Fleischberg-Migräne........................................................... 85
Gähn-Verrat........................................................................ 147
Gefährdete Honigkuchenpferde.......................................... 114
Gefiedertes Problem ........................................................... 66
Geiler Rechner.................................................................... 123
Geisterstimmen................................................................... 24
Grausamer Augenblick ....................................................... 109
Gummifrost ......................................................................... 19
Gut Klo hat Haken.............................................................. 18
Haarloser Verkehr ............................................................... 93
Haarwuchsmittel ................................................................. 111
Haushaltshilfe als Schmutzfalle ......................................... 22
Hilfe! Mir wachsen Killerzehen! ....................................... 122
Hochdeutsches Spätelchen ................................................. 47
Ich bin schlafgeschädigt .................................................... 21
Ich wollt´ so gern statt Christian ....................................... 78
Italienischer Lebensstil ...................................................... 82
Kastanie verändert Sichtweise............................................ 68
Kitzeln ist Ziegennatur ....................................................... 118
Kleinbusige Sexgespielin ................................................... 86
Kopfabschalter defekt.......................................................... 54
Kotzender Pleitegeier ......................................................... 134
Kugeln statt Quader............................................................ 15
Kussbeule............................................................................ 135
Lange Nacht-Geschenk....................................................... 100
Leben mit Verona ............................................................... 40
Lustverlust .......................................................................... 119
Millionärsblindheit ............................................................. 144
Mord wegen Allergie?......................................................... 46
Nächtliche Mückenplage .................................................... 14

| Thema | Seite |
|---|---|

| | |
|---|---|
| Nomen est omen | 30 |
| Nutzlos | 118 |
| Ohr-gasmus | 124 |
| Oma-Lifting | 58 |
| Orientierungshilfe | 113 |
| Pelz-Joghurt | 31 |
| Platzangst durch Viagra | 23 |
| Religions-Astronaut | 107 |
| Safersex | 110 |
| Schleimen macht sich bezahlt | 55 |
| Schön oder allerschönst | 136 |
| Schweißgericht | 12 |
| Schweißtreibende Parkplatzsuche | 141 |
| Sexbesessene Ehefrau | 45 |
| Soll ich dürfen? | 34 |
| Spermenkiller | 142 |
| Spülhilfe | 51 |
| Strafanzeige wegen fliegender Haare | 77 |
| Strafbare Hundehaltung | 11 |
| Strapsträger | 23 |
| Suche nach Abenteuer | 94 |
| Team Anus | 99 |
| Tiefschlaf durch Hundehauch | 110 |
| Toiletten-Philosoph | 46 |
| Traumsemmel | 115 |
| Verliebt, verlobt, ermordet | 16 |
| Vermessener Brötchenbäcker | 121 |
| Viagra bedingt tauglich | 108 |
| Volksfestpanik | 76 |
| Wahre Liebe | 63 |
| Weibliche Bindenkipper | 105 |
| Wendeblatt ohne Umkehr | 90 |
| Wenn die Eschen ebern | 42 |
| Wiedersehen mit Ehefrau | 67 |
| Wurmgeschlecht | 63 |
| Ziegenpreis zu hoch | 36 |
| Zweifel an Kompetenz | 130 |

---

Liebe Leserinnen und Leser!

Nun ist es raus, nun ist´s passiert!

Die intimsten Geheimnisse rat- und hilfesuchender, verzweifelter Menschen schreit deren vertrauter und allwissender Psychotherapeut schamlos in die Welt.

Fatal, fatal!

Freilich ist diese Art der Seelenklempnerei seit langer Zeit bekannt. Wer kennt nicht diese Psychoseiten in allen möglichen Illustrierten? "Fragen Sie Frau Barbara", "Dr. Prügelpeitsch hilft", oder wie sie alle heißen. Bekanntestes Beispiel ist wohl "Dr. Sommer" aus der "Bravo", die jeder Jugendliche früher oder später mehr oder weniger wissbegierig konsumiert.

Natürlich würde kaum jemand zugeben, diese Seiten zu lesen. Schließlich hat man selber derlei Probleme nicht und wird sie wohl auch nie bekommen. Heimlich jedoch, ganz heimlich und mit gewisser Schadenfreude, erreichen diese Artikel jedoch eine breite Leserschar.

Nun hat sich also Dr. Klugscheiss, seines Zeichens langjähriger "Berater" in einem Freizeitmagazin, aufgerappelt um die Highlights aus seinem unendlichen Erfahrungsschatz in einem praktischen Handbuch zu veröffentlichen.

Quasi als ewiges Nachschlagewerk. Fachlich leicht verständliche Hilfe für aussichtslose Situationen, in die jeder einmal geraten könnte...

...eventuell.

Viel Spaß beim "Problemelösen" wünscht Ihr


Lukas Kaahs

# Strafbare Hundehaltung

*Julian A. (15) aus S. fragt:*

**Sehr geehrter Herr Doktor!**

**Ich habe gehört, dass gewisse Hundehalter bestraft werden sollen. Was ist an diesem Gerücht wahr? Und falls es stimmt, welche Art Hundehalter sind betroffen?**

*Antwort von Dr. Detlev Klugscheiss:*

Lieber Julian A. aus S.

Das Gerücht entspricht der Wahrheit. Es werden jene Menschen bestraft, die keine Hundehaltequalifikation besitzen und/oder wenn diese vorhanden ist, mehr als drei Hunde halten. Der Grund dafür ist einfach: Drei Hunde können mit zwei Armen und notfalls einem Bein gehalten werden. Das zweite Bein benötigt der Hundehalter zum Stehen, da einem umgefallenen Hundehalter sofort seine Qualifikation entzogen wird. Wenn man sich Hunde anschaffen will, muss man zudem bedenken, dass die meisten Hunde mehrere Jahre haltbar bleiben. Man sollte sich deshalb rechtzeitig das sogenannte "Zwei-arm-Einbein-Training" angedeihen lassen, damit die Haltelizenz lange hält. Weitere Probleme können entstehen, wenn bei einem oder mehreren Hunden das Haltbarkeitsdatum abgelaufen ist. Was viele Menschen nicht wissen: Das Haltbarkeitsdatum befindet sich bei Hunden auf der linken Seite des Zungenbandes und wird sichtbar, sobald die Zunge mit beiden Händen einen halben Meter herausgezogen wird.

# Beleidigter Pariser

*Martina N. (19) aus I. fragt:*

**Sehr geehrter Doktor Klugscheiss!**

**Mein Vater stammt aus Paris und wird jedesmal stocksauer, wenn jemand "Pariser" zu ihm sagt. Warum reagiert er so komisch?**

*Antwort von Dr. Detlev Klugscheiss:*

Liebe Martina N. aus I.

Das schlüpfrig-feuchte Image, das den männlichen Bewohnern der französischen Hauptstadt nachgesagt wird, ist für viele Auswanderer ein echtes Problem. Pariser leiden naturgemäß an schleimigem Fußschweiß und feuchter Aussprache, es ist deshalb verständlich, dass diese Menschen nicht ständig an ihr Gebrechen erinnert werden wollen. Zum Glück gibt es Bezeichnungen, über die sich ein jeder Pariser so richtig freut. Werden sie "Gumminoppel", "Lümmeltüterl" oder "Wurzelschoner" genannt, sind sie dir auf immer dankbar und werden dich ewig lieben. Probier es aus!

# Schweißgericht

*Erich N. (38) aus W. fragt:*

**Hochgeschätzter Herr Dr. Klugscheiss!**

**Nächste Woche ist es wieder soweit. Ich sitze vor dem Gericht, bin total nervös, tropfe unter den Achseln und weiß nicht, was ich tun soll. Bitte geben Sie mir einen Tipp.**

*Antwort von Dr. Detlev Klugscheiss:*

Lieber Erich N. aus W.!

Nimm einfach das Messer in die rechte und die Gabel in die linke Hand. Falls du es schaffst, die Gabel zu füllen, steck sie einfach, sobald sie beladen ist, in die Öffnung unter der Nase. Danach brauchst du nur noch feste kauen und musst dich nicht mehr mit Schweiß benässen.

# Popo weg, was dann?

*Susi M. (47) aus W. fragt:*

**Lieber Herr Doktor Klugscheiss!**

**Da ich leider keinen Autoführerschein besitze, muss ich immer mit dem Mofa fahren. Jetzt kommt jedoch wieder der Winter und ich habe mir im letzten Jahr schon beinahe einmal den Arsch abgefroren. Was mache ich nur, wenn es heuer wieder so kalt ist und der Arsch eventuell ganz abfriert?**

*Antwort von Dr. Detlev Klugscheiss:*

Liebe Susi M. aus W.

Sollte sich deine Befürchtung bewahrheiten, so wirst du anschließend auf keinen Fall mehr mit dem Mofa fahren, denn ohne körpereigene Sitzgelegenheit hast du echte Probleme, es sei denn, du lernst auf deinen Schultern zu sitzen. Schultern frieren erfahrungsgemäß niemals ab, zumindest ist bisher weltweit kein einziger derartiger Fall bekannt geworden. Bei Ärschen ist dagegen die Abfriergefahr groß, das hört man immer wieder. Nun zu deiner eigentlichen Frage: Wenn du in einer größeren Stadt wohnst, benötigst du nicht unbedingt ein Hinterteil um dich fortzubewegen. Hier empfiehlt sich jene Methode, die in diversen Hangelsakademien gelehrt wird. Dabei hängt man sich mit den Armen an vorhandene Straßenlaternen, schwingt zwei bis dreimal und hangelt sich an die nächste. Diese Fortbewegungsart ist erstens sehr umweltfreundlich, zweitens äußerst körperertüchtigend und drittens fast völlig geräuschlos. Probleme gibt es nur bei Entgegenhangelnden, oder wenn Langsamhangler überholt werden sollen, denn nicht alle Laternen haben einen weit überhängenden Galgen, was zu Platzproblemen beim Hangeln führen kann. Abhilfe schafft in diesem Fall ein Hangelhaken. Das Gerät erinnert an einen Kleiderbügel, der mit beiden Händen links und recht gehalten und mit dem Fragezeichenförmigen Haken an der Oberseite um den Laternenmast geschlungen wird. Somit spart man sich eine Menge Platz an der Laterne und ein reibungsloser Hangelsverkehrsfluss ist gewährleistet.

# Nächtliche Mückenplage

*Werner U. (34) aus B. fragt:*

**Hallo Herr Dr. Klugscheiss!**

**Ich habe seit zwei Wochen eine neue Freundin. Immer wenn wir zusammen im Bett liegen, schwirrt eine Mücke um mich herum und hindert mich mit ihrem Gesumme am schlafen. Woher kommt das Biest so plötzlich? Wieso summt sie immer nur bei mir? Wie kann ich sie erledigen in der dunklen Nacht?**

*Antwort von Dr. Detlev Klugscheiss:*

Lieber Werner U. aus B.

Mücken haben die eigensinnige Angewohnheit, dass sie sich von Frauen in männliche Schlafzimmer einschleppen lassen. Anschließend kreisen sie vorwiegend um schöne Erhebungen. Ich vermute deshalb, du hast einen riesigen Zinken im Gesicht stehen. Du erlegst den Plagegeist einfach, indem du deinen Mund weit öffnest und permanent ausatmest. Fliegt das Tier über deinem Atem, wird es durch den nächtlichen bzw. grundsätzlichen Mundmief besinnungslos und stürzt in deinen offenen Rachen. Du brauchst nur noch zu schlucken und sofort hast du deine wohlverdiente himmlische Ruhe.

# Kugeln statt Quader

*Thomas L. (24) aus W. fragt:*

**Verehrter Herr Dr. Klugscheiss!**

**Seit langer Zeit grüble ich an einer Frage, die mich kaum noch schlafen lässt und derentwegen ich bereits tiefe Falten in meinem noch jungen Gesicht bekommen habe. Warum kacken Hasen und Kaninchen kugelförmige "Bemmal"? Wieso sind diese Exkremente nicht quaderförmig? Bitte beantworten Sie mir diese lebensnotwendige Frage!**

*Antwort von Dr. Detlev Klugscheiss:*

Lieber Thomas L. aus W.

Hasenhinterlassenschaften sind deshalb nicht quaderförmig, weil sie sonst allzuleicht mit Würfelzucker verwechselt werden würden. Da sich Hasenkot erwiesenermaßen in Tee oder Kaffee nur sehr zäh und zögernd auflöst, wäre eine solche Verwechslung für den Menschen sehr zeitraubend. Außerdem kommt keinerlei Süße auf, da Hasendreck mehr einen würzig-bitteren Geschmack besitzt.

GNNN

15

# Verliebt, verlobt, ermordet?

*Klaus R. (19) aus B. fragt:*

**Sehr geehrter Herr Doktor!**

**Gestern Abend habe ich mich unsterblich in ein Mädchen verliebt, aber sie will mich nicht heiraten! Wen soll ich nun umbringen, sie oder mich?**

*Antwort von Dr. Detlev Klugscheiss:*

Lieber Klaus R. aus B.

Es laufen viele prüde Mädels herum, damit muss sich die Männerwelt abfinden. Versuche einfach schwul zu werden. Schwule heiraten sofort. Falls das wider Erwarten nicht klappen sollte, bewirb dich in einer Metzgerei. Dort kannst du morden so viel du willst und bekommst auch noch reichlich Geld dafür.

# Steine gegen Elektrosmog

*Waltraud U. (31) aus A. fragt:*

**Sehr geehrter Doktor Klugscheiss!**

**Ich habe gehört, dass Rosenquarze, das sind irgendwelche komische Steine, die in der Nähe eines Fernsehers oder Computermonitors aufgestellt werden, gut gegen Elektrosmog sein sollen. Kann das sein? Wenn ja, wie funktioniert das?**

*Antwort von Dr. Detlev Klugscheiss:*

Liebe Waltraud U. aus A.

Nicht nur Rosenquarze helfen gegen Elektrosmog, grundsätzlich sind alle Steine als Schutz gegen diese Strahlung geeignet. Dazu stellt man die Mineralien jedoch nicht neben den Fernseher oder Monitor, sondern hinein. Und zwar mit voller Wucht aus zwei Metern Entfernung. Ist der Monitor dann implodiert, smogt er erfahrungsgemäß nur noch einmal kräftig, danach jedoch kaum noch und der Raum kann nach dem Entfernen der Glassplitter wieder gefahr- und smoglos bewohnt werden.

# Bereuender Krötenkiller

*Martin B. (16) aus L. fragt:*

**Sehr geehrter Herr Doktor Klugscheiss!**

**Anfang des Jahres habe ich mit meinem Moped eine Kröte überfahren und Unfallflucht begangen. Seitdem plagt mich mein Gewissen so schrecklich. Was ist, wenn es eine verzauberte Prinzessin war und sie ohne den erlösenden Kuss qualvoll krepieren musste? Bin ich dann des Totschlags wegen unterlassener Hilfeleistung schuldig? Bitte antworten Sie mir schnell, ich habe schon schreckliche Albträume!**

*Antwort von Dr. Detlev Klugscheiss:*

Lieber Martin B. aus L.

Die Gefahr, eine verzauberte Prinzessin oder einen verhexten Prinzen zu töten, lauert überall. Eigentlich dürfte man nicht einmal eine Mücke erschlagen, weil man nie sicher sein kann, ob es denn tatsächlich eine Mücke ist, oder ob es sich eventuell zum Beispiel um einen Finanzbeamten handelt. Man müsste mit den Hexen ein ernsthaftes Wort reden, damit sie ihre Opfer zumindest in Elefanten oder Wohnwagen verzaubern, also Objekte oder Lebewesen, die eine vernünftige Größe erreichen und nicht aus Versehen ermordet werden können. In deinem Fall gibt es nur eine einzige Lösung: Suche an der Stelle, an der der Unfall passiert ist, nach einer goldenen Krone. Sobald du etwas findest, was auch nur annähernd golden glänzt, kannst du sicher sein, dass du zurecht Gewissensbisse hast. In diesem Fall hilft nur eine Selbstanzeige bei der Polizei. Aber lieber 40 Jahre Knast und ein ruhiges Gewissen, als mit dieser Ungewissheit weiterzuleben. Falls du nichts derartiges findest, lass dir die Angelegenheit eine Lehre sein. Man muss grundsätzlich nach jedem Unfall stehenbleiben, das Opfer reanimieren, Mund-zu-Mund-Beatmung, Herzmassage und all sowas betreiben, einfach alles tun, um Folgeschäden zu vermeiden. Beachte jedoch speziell bei Kröten: Sie können sehr ungehalten und aufgebracht reagieren, besonders wenn Menschen sie beatmen oder küssen wollen.

# Gut Klo hat Haken

*Gert K. aus M. fragt:*

**Sehr geehrter Dr. Klugscheiss!**

**Auf öffentlichen Toiletten finde ich immer wieder Kleiderhaken an der Tür oder Wand, über deren Bedeutung ich schon oft sinniert habe. Mache ich etwas falsch, wenn ich mich bei einer "Geschäftssitzung" nicht völlig entkleide und somit den Kleiderhaken gar nicht nutze, oder liege ich bei der Bedeutung der Haken völlig falsch? Bei meinen privaten Recherchen, bei denen ich über Toilettentüren geschaut habe, bin ich sehr häufig auf Unmut gestoßen, konnte aber nie eine Antwort auf meine "Hakenfrage" finden.**

*Antwort von Dr. Detlev Klugscheiss:*

Lieber Gert K. aus M.

Mit deiner Vermutung, der Kleiderhaken wäre ein Kleiderhaken, liegst du total falsch. Der Haken dient dazu, Toupetträgern das Ablegen ihrer Haarpracht zu ermöglichen, damit die teuren Locken beim Reinigen der Schüssel nach erfolgreicher Sitzung nicht in dieselbe fallen. Mit nassen Haaren kann man sich nämlich leicht erkälten, speziell im Winter. Aus diesem Grund wurde diese Hakenaktion in den 80er Jahren vom Gesundheitsministerium ins Leben gerufen. Ob du dich auf der Toilette entkleidest, oder deine Exkremente durch Stoff presst, bleibt alleine deinem persönlichen Geschmack überlassen. Zu Befragungen von Mitpressern ist zu sagen, manch roter Kopf zeugt nicht allein von der Anstrengung der körperlichen Entsorgung, manchmal ist es auch die Wut über die Störung der inneren Auskehr. Aus diesem Grund wurden schon so manche Toiletteninterviewer ertränkt in der Schüssel aufgefunden.

# Adelbremse

*Ursula M. (22) aus H. fragt:*

**Hochverehrter Herr Dr. Klugscheiss!**

**Ich hätte die Möglichkeit, einen Adeligen zu ehelichen, habe aber offenbar eine anerzogene Hemmung. "Blaues Blut tut selten gut", hat mir meine Mutter immer eingetrichtert. Doch jetzt ist der Trichter plötzlich weg, was soll ich nur tun?**

*Antwort von Dr. Detlev Klugscheiss:*

Liebe Ursula M. aus H.!

Deine Mutter redet Unsinn! Heirate deinen "Blaublütigen" unbesorgt. Adelige haben immer irgendwo einen Trichter. Falls nicht, besorge dir einen Füller, der tut's notfalls auch. Denn ein ebenso altes wie weises chinesisches Sprichwort sagt: "Del Füllel ist del Knüllel."

# Gummifrost

*Sigi G. (19) aus M. fragt:*

**Sehr geehrter Herr Doktor Klugscheiss!**

**Letzten Winter bin ich auf meinen einsamen Wanderungen öfter mal in meinen Gummistiefeln festgefroren. Was kann ich tun, damit das heuer nicht wieder passiert?**

*Antwort von Dr. Detlev Klugscheiss:*

Lieber Sigi G. aus M.

Echte Naturburschen und Überlebenskünstler empfehlen das Verspeisen einer größeren Menge Schnee. Schnee wird im Mund zu Wasser und durch Durchlaufen deines Körpers auf gute 36 Grad erwärmt. Wird solch warme Flüssigkeit in die Stiefel geleitet, löst sich der Frost binnen kürzester Zeit und du kannst dich rasch und problemlos von deinen Gummitretern befreien.

19

# Kein Sex im Korsett

*Christine B. (25) aus S. fragt:*

**Lieber Herr Doktor!**

**Durch einen unterdrückten Niesreiz ist mir ein Wirbel aus der Säule gesprungen. Seitdem trage ich ein Stützkorsett, damit ich mich überhaupt bewegen kann. Mein Mann findet das aber extrem unerotisch und will sich jetzt ein neues Betthäschen suchen.**

*Antwort von Dr. Detlev Klugscheiss:*

Liebe Christine B. aus S!

Die Wirbelsäule besteht ja aus lauter zusammenhängenden Wirbeln, die ständig aufeinander hocken. Wenn jetzt einer mal kurz ausbricht, weil er vielleicht Urlaub machen will oder die Schnauze voll hat, solltest du das akzeptieren. Dafür gibts ja extra diese Stützkorsetts. Dein Mann ist vermutlich ein phantasieloser Rammler, sonst würde er nicht nach neuen Hasen schielen wollen. Vielleicht niest du ihm nächstes Mal ordentlich ins Gesicht, so dass ihm die schleimigen Tropfen in den Hemdkragen hängen.

Merke: Mit einem versifften Hemd hat er bei freilaufenden Hasen keinerlei Chancen!

# Ich bin schlafgeschädigt

*Markus R. (29) aus S. fragt:*

**Lieber Doktor Klugscheiss!**

**Ich könnte den ganzen Tag pennen, habe schon alles ausprobiert um munter zu werden, habe bisher nichts gefunden. Kennen Sie einen wirksamen Muntermacher?**

*Antwort von Dr. Detlev Klugscheiss:*

Lieber Markus R. aus S.

Aus deinem Schreiben geht nicht hervor, ob du eventuell Beamter bist, oder ob deine Müdigkeit eine körperliche Ursache hat. Mach' doch aus der Not eine Tugend und suche dir einen Job in dem du dein Problem nutzbringend anwenden kannst, bei dem du gewissermaßen zum Schlafprofi mutierst. Vielleicht Busfahrer im Stadtverkehr oder Filmvorführer im Kino. Möglicherweise war jedoch in deiner Ahnenkette ein Murmeltier. Diese Tiere verpennen sieben Monate im Jahr. Wenn du also einen Murmelahnen hattest, solltest du verstärkt mit Murmeln spielen, das könnte den Bann brechen. Murmeln bekommst du bei jedem gut sortierten Flohmarkt oder beim Murmelzoohändler deines Vertrauens.

# Haushaltshilfe als Schmutzfalle

*Klaus H. (29) aus A. fragt:*

**Lieber Herr Dr. Klugscheiss!**

**Bisher habe ich Tag und Nacht die Hausarbeit für uns erledigt, habe gespült, gekocht, Wäsche gewaschen, gebügelt und Staub gesaugt. Doch seit gestern haben wir eine polnische Haushälterin, ein blondes, junges Luder, weil meine Frau dachte, dass ich mir auch mal für die netten Dinge des Lebens Zeit nehmen sollte. Also habe ich mir für unsere Haushälterin Zeit genommen und sie sich für mich. Aber wer wischt bei uns jetzt Staub, wenn meine Frau bis spät abends im Büro zu tun hat? Bitte helfen Sie mir!**

*Antwort von Dr. Detlev Klugscheiss:*

Lieber Klaus H. aus A.

Ich bin extra geprüfter Lebensberater und kein Haushälter, somit werde ICH dir sicher nicht helfen. Einen Rat kann und darf ich jedoch geben. Ein solide gebautes Haus hält in der Regel von alleine, dazu ist eine Haushälterin eigentlich nicht erforderlich. Staubwischen lässt sich vermeiden, wenn ab Windstärke 10 alle Fenster des Hauses geöffnet werden. Das ist wahrhaftiges

Leben im Einklang mit der Natur. Um die restlichen Arbeiten erledigt zu bekommen, sollte deine Frau vielleicht einen Job annehmen, bei dem sie mehr Lohn bekommt und weniger Zeit aufwenden muss. Somit wäre sie abends zu Hause und könnte dich mal ablösen, falls es dir mit dem Polenmädl zu viel wird. Das funktioniert prima, vorausgesetzt, dass deine Frau entsprechende hausfrauliche Neigungen besitzt.

# 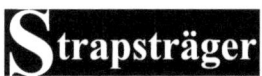trapsträger

*Rudolf H. (31) aus A. fragt:*

**Sehr geehrter Herr Doktor Klugscheiss!**

**Unter meiner Hose trage ich gerne Strapse und rosa Strümpfe. Bin ich pervers?**

*Antwort von Dr. Detlev Klugscheiss:*

Lieber Rudolf H. aus A.

Selbstverständlich. Du bist ein perverses Ferkel und in ein paar Jahren wirst du eine perverse alte Wildsau sein.

# 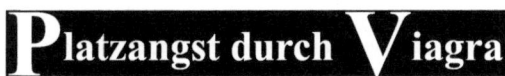latzangst durch Viagra

*Daniel B. (29) aus F. fragt:*

**Sehr geehrter Doktor Klugscheiss!**

**Vor zwei Monaten habe ich zum ersten mal das Potenzmittel Viagra ausprobiert. Alles klappte ganz vorzüglich, meine Partnerin hatte 14-mal einen Orgasmus und es war wunderschön. Das Problem ist jetzt, seitdem kriege ich den Schniedel nicht mehr krumm. Was soll ich tun? Ich kann doch nicht ständig mit einer Latte rumlaufen, ich komme in keine normale Hose und ich schäme mich zum Doktor zu gehen.**

*Antwort von Dr. Detlev Klugscheiss:*

Lieber Daniel B. aus F.

Schütte dir einfach einen Liter Weichspüler über den Penis. Das hilft erfahrungsgemäß immer und duftet auch gut. Falls du dadurch keine Wirkung erzielst, wirst du wohl mit der Latte weiterleben müssen. Das hat jedoch durchaus berufliche Vorteile. Du kannst dich z. B. gegen Bezahlung als Attraktion nackt vor ein Schuhgeschäft stellen, damit die Kunden während des Einkaufens ihren Hund an deinem Ständer festbinden können. Das ist ein guter Werbegag, bringt einen Haufen Geld, macht Spaß und befriedigt dich sicherlich. Du musst nur darauf achten, dass kein Hund dein Rohr mit einer Wurst verwechselt.

# eisterstimmen

*Kai S. (36) aus O. fragt:*

**Verehrter Dr. Klugscheiss!**

**Seit Monaten höre ich Stimmen. Niemand ist im Raum, doch ich höre Stimmen. Unterschiedliche Dialekte, unterschiedliche Stimmen. Bitte bitte, ich bin doch nicht etwa verrückt?**

*Antwort von Dr. Detlev Klugscheiss:*

Lieber Kai S. aus O.

Ich vermute eher, dass du einer der legendären blonden Männer bist. Vielleicht solltest du entweder weniger telefonieren, oder einfach bei Gelegenheit dein Radio abschalten.

# omestos hilft

*Beate G. (41) aus G. fragt:*

**Sehr verehrter Doktor Klugscheiss!**

**Ich bin zum 4. Mal verheiratet, jetzt ist plötzlich das Rohr verstopft. Sollte ich mich vielleicht scheiden lassen und einen Klempner ehelichen?**

*Antwort von Dr. Detlev Klugscheiss:*

Liebe Beate G. aus G.

Ein altes Sprichwort sagt "ein verstopftes Rohr kommt manchmal vor". Eine Ehe mit einem Rohrverleger ist deswegen nicht unbedingt nötig. Wenn du jedoch unbedingt durch die Röhre schauen lassen willst, musst du handeln. Dazu würde sich allerdings ein Händler besser eignen als ein Klempner.

# Computerliebe

*Nobby B. (21) aus R. fragt:*

**Sehr geehrter Dr. Klugscheiss!**

**Ich spiele viel mit meinem Computer herum, und letzte Woche ist es nun passiert, ich habe mich in meine Festplatte verliebt. Ich weiß nicht wie ich es ihr beibringen soll, es ist auch nicht ganz einfach, weil sie momentan mit dem CD-ROM geht. Was soll ich tun, ich habe auch schon einen Computerspezialisten um Hilfe gefragt, aber der konnte mir auch nicht weiterhelfen. Können Sie mir helfen?**

*Antwort von Dr. Detlev Klugscheiss:*

Lieber Nobby B. aus R.

Dass sich Männer in Festplatten verlieben kommt oft vor. Kein Wunder bei diesen festen Rundungen, der kreisenden Bewegung und der Willigkeit, mit der sie an sich rumspielen lassen. Um ans Ziel deiner Wünsche zu gelangen, brauchst du dem CD-ROM nur eine ordentliche zu brennen. Er hat dann schnell die Rille voll und will nichts mehr von deiner angebeteten Festplatte wissen. Das ist deine Chance. Führe sie in ein gemütliches Internet-Cafe zu

einem netten Gedankenaustausch, lade sie mit einigen Bits und zeige ihr, dass du ein Mann mit Format bist, der sich niemals irrt. Vor allem SIE nicht formatirrt!!! Sobald sie auf deine Anmache angebissen hat, genügt zärtliches antippen mit dem Zeigefinger, um sie zum Rotieren zu bringen. Bedenke jedoch: 30.000 U/min genügen für lodernden Sex. Einen gut funktionierenden Feuerlöscher solltest du dabei in Reichweite haben. Viel Spaß!

# Liebe ist...

*Frederike M. (92) aus F. fragt:*

**Lieber Herr Doktor Klugscheiss!**

**Ich habe mich unsterblich in Sie verliebt. Ihr liebes Gesicht, Ihre gewählte Ausdrucksweise. Ich bin sehr beeindruckt und möchte Sie heiraten.**

*Antwort von Dr. Detlev Klugscheiss:*

Liebe Frederike M. aus F.

Es ist mir vollkommen bewusst, dass mir die Frauen zu Füßen liegen. Nicht umsonst bin ich 4-mal geschieden und 3-mal verwitwet. In meinem Alter ist man jedoch nicht mehr so sehr auf Liebe angewiesen, da ist nur noch eines wichtig: Sex! Wenn du dich also noch einigermaßen rhythmisch bewegen kannst, sollten wir uns unbedingt einmal treffen.

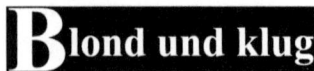

# Blond und klug

*Alexandra M. (19) aus T. fragt:*

**Hallo Doktor Klugscheiss!**

**Alle sagen, ich sei ein Wunderkind. Ich habe trotz meiner langen blonden Haare laufen und sprechen gelernt und kann sogar meinem Bruder diesen Brief diktieren. Na was sagen Sie dazu?**

*Antwort von Dr. Detlev Klugscheiss:*

Liebe Alexandra M. aus T.

Dazu gibt es nicht viel zu sagen, außer: Respekt vor dieser großartigen Leistung! Ich bin wirklich sehr beeindruckt! Viele Grüße auch an deinen Bruder. Es wird ihm sicherlich ein Vergnügen sein, dir meine Antwort vorzulesen und zu erklären.

# Mobile Versagerin

*Eva M. (34) aus H. fragt:*

**Hallo Dr. Klugscheiss!**

**Letztens hat eine Freundin behauptet, es sei echt unnormal, dass ich nicht Auto fahre. Ich habe kein Auto, ja noch nicht einmal einen Führerschein! Meine Frage: Wieviel weiß die Wissenschaft heute schon über diese seltene Behinderung? Gibt es Heilungs-Chancen? Kennen Sie evtl. Spezialisten? Bei der Evolution hat es bei mir anscheinend einen ziemlich krassen Aussetzer gegeben! Ob es wohl schon so etwas wie Auto-Transplantation gibt? Ich wäre so gerne normal, können Sie mir helfen?**
**PS.: Gibt es ein Medikament, das das Einsetzen des Führerscheins günstig beeinflusst?**

*Antwort von Dr. Detlev Klugscheiss:*

Liebe Eva M. aus H.

Deine Freundin hat recht, du bist vollkommen abnormal, wahrscheinlich hat dein Auto-Gen versagt. Führerscheineinsetzmedikamente gibt es nicht, wohl aber ein Organ, mit dem Autofahren möglich ist: Hirn! Du brauchst es auch nur, um den Führerschein zu erlangen, danach ist es nicht mehr nötig, wie du unschwer selbst täglich auf den Straßen beobachten kannst. Ein Auto bekommst du möglicherweise in einem autorisierten Fachgeschäft. Falls nicht, besuche einfach einen Autorenkongress. Da gibt es immer gute, mehr oder weniger fahrende Gebrauchte. Einen besonderen Trick gibt es, falls du deinen Mund weit genug öffnen kannst. Hierbei benötigst du weder Führerschein noch Auto. Du stülpst dich einfach mit den Zähnen über eine x-beliebige Anhängerkupplung und fährst mit, soweit die Beißerchen halten. Versuch es mal!

27

# **A**usgereizte **R**eizwäsche

*Robbi Sch. (24) aus S. fragt:*

**Sehr geehrter Doktor Klugscheiss!**

**Zu Weihnachten habe ich meiner Frau schöne Reizwäsche geschenkt. Sie hatte bisher immer eine einwandfreie Figur, doch nach den Feiertagen nahm sie zu wie ein Elefant. Ich kann mir das nicht erklären. Jetzt platzt die sündhaft teuere Reizwäsche aus allen Nähten. Ich bin stocksauer, wie soll ich mich verhalten?**

*Antwort von Dr. Detlev Klugscheiss:*

Lieber Robbi Sch. aus S.

Wahrscheinlich hat deine Frau den Begriff "Reizwäsche" missverstanden. Reizen bis zur Weißglut ist etwas anderes als sexuell reizen. Das solltest du ihr schleunigst erklären. Wenn sie weiterhin zunimmt, hat die Reizwäsche ohnehin keine Bedeutung mehr, denn irgendwann wird sie zur Reißwäsche. Sollte dir alles zu viel, bzw. zu üppig werden, packe deine Reisewäsche und verdufte in das Land der Reisfresser. Denn eines musst du dir immer vor Augen halten: Auch Reis hat seinen Reiz!

# Luftumwandler defekt

*Claudia M. (29) aus W. fragt:*

**Hochverehrter Herr Dr. Klugscheiss!**

**Ich weiß, Sie sind Psychologe, vielleicht können Sie mir trotzdem helfen, denn die Schulmedizin weiß sich in meinem Fall keinen Rat. Seit Monaten leide ich unter ständigen Blähungen und zu den unpassendsten Gelegenheiten muss ich immerzu furzen.**

*Antwort von Dr. Detlev Klugscheiss:*

Liebe Claudia M. aus W.

Blähungen lassen einerseits auf einen defekten Luftumwandler schließen, andererseits können sie durchaus auf psychologische Störungen zurückzuführen sein. Vermutlich denkst du zu viel heiße Luft, die sich in den Gehirnhohlräumen ansammelt und wegen einer organischen Störung nicht durch Rülpsen befreit werden kann, sondern eine Etage tiefer sinkt. Es gibt in Deinem Fall zwei Lösungen:

1. Denke nicht solchen Unsinn.
2. Wenn sich die Blähungen entsorgen, klemme dir eine Wäscheklammer stehend quer zwischen die Pobacken. Dadurch wird die Afteröffnung geweitet und die Geräuschbildung vermieden. Sollten dabei Geruchsbelästigungen entstehen, so hilft nur, möglichst heftig und tief aus- und einzuatmen, damit der Mief durch das körpereigene Filtersystem neutralisiert wird. Achte in diesem Fall darauf, dass du von deiner Abluft nicht süchtig wirst.

29

# Nomen est omen

*Gert (34) aus M. fragt:*

**Sehr geehrter Doktor Klugscheiss!**

**Vor wenigen Tagen habe ich einen jungen Motorradfahrer angesprochen, der auf einem Motorrad der Marke KTM saß, und fragte ihn was sich hinter diesen drei Buchstaben verbirgt. Dieser antwortete: "Kann täglich mehrmals!", wobei sich das auf die Manneskraft des Fahrers beziehen würde. Ich frage mich jetzt natürlich, ob das stimmt und wenn ja, wo bekomme ich so ein Motorrad her???**

*Antwort von Dr. Detlev Klugscheiss:*

Lieber Gert aus M.

Über die wahre Bedeutung dieser Abkürzung streiten sich seit Jahren die Gelehrten. "Kommt trotzdem montags" war eine Formulierung, "Klaut teuere Mopeds" oder "Küss' taube Mädels" eine andere. Manche deuten das

Kürzel mit "Kanu trudelt momentan", aber auch die Beschreibung "Kandiszucker tropft mächtig" hielt sich über mehrere Monate. Damals, als diese Marke neu den Markt eroberte, war die gängige Meinung "Karren (mit) technischen Mängeln" würden die drei Buchstaben bedeuten, aber das ist längst Historie. Die von dir genannte Formulierung ist auf ein reines Wunschdenken des Besitzers zurückzuführen, es sei denn, die Maschine neigt zu starken Vibrationen, was wiederum das männliche Genital reizt und es deshalb täglich mehrmals entspannt werden muss. Dann jedoch ist die Formulierung der Abkürzung grundfalsch, es müsste MTM heißen, "Muss täglich mehrmals". Ein solches Fahrzeug bekommst du bei jedem Bikehändler und in jedem gutsortierten Sexshop. Selbst gebraucht sind diese Geräte äußerst gepflegt und preiswert, denn vor lauter Entspannungsstress haben deren Besitzer kaum Zeit zum Fahren.

# Missionarsstellung

*Eva L. (17) aus M. fragt:*

**Lieber Herr Doktor!**

**Was bedeutet das Wort "Missionarsstellung"?**

*Antwort von Dr. Detlev Klugscheiss:*

Liebe Eva L. aus M.

Wie das Wort schon sagt: Missionarsstellung ist die feste Behausung eines in der Wildnis lebenden Missionars.

# Pelz-Joghurt

*Paul T. (29) aus M. fragt:*

**Hallo Doktor Klugscheiss!**

**Seit einigen Wochen befindet sich ein pelziger Belag auf meinem Joghurt, den ich mit dem Löffel nicht durchstoßen kann. Wie komme ich dennoch an den leckeren Inhalt?**

*Antwort von Dr. Detlev Klugscheiss:*

Lieber Paul T. aus M.

Lass dir ruhig Zeit mit dem essen. Schon in wenigen Wochen ist dein Joghurt durch und durch gepelzt und du kannst dir einen wundervollen Ohrenwärmer daraus basteln. Den setzt du einfach auf, gehst zu deinem Metzger und kaufst grünes Fleisch. Das ist wesentlich leichter zu durchstoßen und viel einfacher zu verspeisen und die Wirkung ist ähnlich sensationell wie zugewachsener Joghurt. Bitte schreib mir doch bei Gelegenheit, wie dir mein Rat geholfen hat.

# Geschäftsverkehr unerwünscht

*Annette N. (32) aus K. fragt:*

**Sehr geehrter Herr Doktor Klugscheiss!**

**Neulich wollte mein Ehemann spontanen Sex mit mir machen. Auch ich hatte Lust und deshalb taten wir es einfach. Nach wenigen Minuten wurden wir sehr grob von den Verkäuferinnen aus dem Geschäft geworfen und die Geschäftsführerin erteilte uns Ladenverbot. Dürfen die das? Schließlich sind wir verheiratet!**

*Antwort von Dr. Detlev Klugscheiss:*

Liebe Annette N. aus K.

Verheiratete Paare sind von der Kirche her verpflichtet, sich zu vermehren, das ist klar. Allerdings erklärt kein einziger Priester, wo und wie dieser Akt der Fortpflanzung vonstatten gehen soll. Ich selbst finde ein Kaufgeschäft für euer Treiben sehr geeignet und die rüde Vorgehensweise des Personals äußerst befremdlich. Vielleicht wussten sie nicht, dass ihr richtig verheiratet seid, oder sie waren darüber erbost, dass in ihrem Geschäft körperlich gearbeitet wird. Gehe sicherheitshalber niemals ohne Heiratsurkunde aus dem Haus. Du hast es ja selbst erlebt, man weiß nie, in welch fatale Situationen man geraten kann.

# Wie bewerbe ich mich richtig?

*Liselotte M. (?) aus D. fragt:*

**Sehr gäerter Herr Klugscheis!**

**Nachdemm ich jetzt 23 Jare als Haußfrau gearbeited hab will ich nunn wieda ins Beruffsleben einsteigen, deswegen hab ich mich als Säcretärin bewoben. Leider hab ich auf 30 Bewebungen 29 Absagen geckrigt und der andere hat ga nix mea von sich hören lassen. Ich weis nicht was ich falsh gemacht hab: der Lebenslauff war ordentlich und handgeschrieben und ein Foto war auch dabei. Soll ich für das Foto villeicht bessa die Hare ofentragen? Ligt es vileicht darran? Was meinnen sie?**

*Antwort von Dr. Detlev Klugscheiss:*

Liebe Liselotte M. aus D.

Sicher sind offen getragene Haare ein großer Anreiz für jeden Chef, dich als "Säcretärin" einzustellen. Auch hohe Schuhe und sexy Klamotten können durchaus positive Wirkung zeigen. Solltest du auch mit neuen, besseren Bewerbungsfotos keinen Erfolg haben, so muss dich das nicht persönlich treffen. Firmenbosse, die DICH nicht als "Säcretärin" einstellen, sind es einfach nicht wert, "Chef" genannt zu werden!

33

# Soll ich dürfen?

*Alwin H. (19) aus A. fragt:*

**Hallo Doktor Klugscheiss!**

**Neulich war ich bei einer Bekannten. Im Verlauf unseres Gesprächs sagte sie, ich könne sie mal. Ich wollte sie auch, aber dann ließ sie mich nicht und machte einen fürchterlichen Aufstand. Was hat das zu bedeuten?**

*Antwort von Dr. Detlev Klugscheiss:*

Lieber Alwin H. aus A.

Offensichtlich meinte deine Bekannte, du könntest sie in den Speicher tragen. Statt dessen dachtest du, sie wolle zum Bahnhof und du könntest sie hinfahren. Solche Missverständnisse zwischen Mann und Frau gibt es leider immer wieder. Am besten wird sein, du ignorierst nächstes Mal solcherart eindeutige Zweideutigkeiten.

# Rasierender Ehemann

*Elfriede M. (22) aus B. fragt:*

**Sehr geehrter Dr. Klugscheiss!**

**Ich bin jetzt 3 Jahre glücklich verheiratet, doch seit etwa 4 Monaten weigert sich mein Mann, mit mir zu schlafen. Sobald ich mich ins Bett lege, setzt er sich daneben auf den Stuhl und beginnt sich zu rasieren. Woran kann das liegen?**

*Antwort von Dr. Detlev Klugscheiss:*

Liebe Elfriede M. aus B.

Es liegt eindeutig an dir. Gehe doch einfach 8 Stunden früher zu Bett, dann wirst du auch deinen Mann wieder einmal unter seinem Kissen antreffen. Obwohl es völlig egal ist, ob man miteinander, übereinander, oder zu getrennten Zeiten schläft, ist ein gemeinsames, eheliches Schnarchkonzert immer wieder für eine traute Zweisamkeit förderlich.

# Raupenbewusstsein

*Nadine L. (38) aus T. fragt:*

**Hallo Herr Doktor Klugscheiss!**

**Mein Freund Hubert ist nicht einer der Schnellsten, deshalb ist ihm neulich bei der Gartenarbeit eine borstige Raupe in den Mund gekrochen und Hubert hat sie geschluckt. Nachdem er als passionierter Fleischfresser jetzt ständig nur noch Gemüse und Salat essen will, mache ich mir langsam Sorgen. Kann eine verschluckte Raupe Bewusstseinsveränderungen hervorbringen?**

*Antwort von Dr. Detlev Klugscheiss:*

Liebe Nadine L. aus T.

Haarige Raupen haben größere Probleme als deren Verschlucker. Brehms Tierleben attestiert dem Kuckuck, der sich üblicherweise von diesem borstigen Krabbler ernährt, keinerlei bedenkliche Störungen, außer dass er seine Eier in fremde Nester legt (dieser Umstand lässt sich auch auf manchen Menschen übertragen). Bei der hohen Geschwindigkeit, mit der sich solche Raupen bewegen, ist es kein Wunder, wenn sie im Rachen eines ahnungslosen, völlig überrumpelten Gärtners landen. Normalerweise haben verschluckte Raupen wegen den scharfen Magensäften im menschlichen Körper keinerlei Existenzchancen. Sollte die Raupe im Körper deines Freundes jedoch überlebt haben, so gibt es ein ganz natürliches Mittel, sie zu entfernen. Man fängt einen Kuckuck und schluckt ihn lebend mit zwei bis drei großen Schlucken Wasser. Der Kuckuck wird die Raupe fressen, da er im Magen deines Freundes sonst nichts findet, was ihm schmecken würde. Um

den Kuckuck aus dem Körper zu bekommen, kniest du dich vor Hubert's bloßgelegte Darmöffnung und rufst dreimal "kuckuck". Das Tier wird dadurch an seinen Paarungstrieb erinnert und verlässt freudestrahlend den Körper deines Freundes.

# Ziegenpreis zu hoch

*Ludwig M. (37) aus T. fragt:*

**Lieber Doktor Klugscheiss!**

**Mein Vater hat letztens zu einer Politesse gesagt, sie sei eine blöde Ziege. Dafür musste er 800,- DM Strafe bezahlen. Unser Metzger hat mir jetzt erzählt, dass ein Kilo Ziegenfleisch zur Zeit 4,80 DM kostet. Die Politesse habe ich auch besucht, sie wiegt ungefähr 82 Kilo mit Gewand. 82 mal 4,80 sind 393,60 DM. Wie kommt es, dass mein Vater 406,40 DM zu viel bezahlen muss? Ich finde das total ungerecht und überzogen!**

*Antwort von Dr. Detlev Klugscheiss:*

Lieber Ludwig M. aus T.

Diese Forderung ist völlig korrekt. Du musst 16 % Mehrwertsteuer dazurechnen, das sind - wenn das Gewicht, das du geschätzt hast stimmt, DM 65,02. Dazu kommen noch 61 % Vergnügungssteuer, also DM 287,57, sowie DM 41,01 Pfand. Du siehst, dein Vater hat den ganz normalen, üblichen Ziegenfleischpreis bezahlt und du bist ein ausgezeichneter Politessengewichtschätzer.

# Bananen-Strip

*Elisabeth R. (18) aus N. fragt:*

**Hi, Herr Doktor Klugscheiss!**

Neulich war ich erstmals bei einem Männerstriptease. Unter den Zuschauern wurde auch ich ausgewählt, auf die Bühne zu kommen. Hier wurden mir von einem gutaussehenden Muskelmann die Augen verbunden. Willenlos ließ ich alles mit mir geschehen. Als ich wieder sehen durfte, hielt mir ein Boy aus der Stripgruppe eine Banane vor den Mund. Ich hatte bereits gegessen und rührte sie nicht an. Bitte was soll das bedeuten? War es Tarzan vielleicht?

*Antwort von Dr. Detlev Klugscheiss:*

Liebe Elisabeth R. aus N.

Da hast du fast richtig getippt! Der Kerl, der dir die Augen verbunden hat, war Tarzan´s Bruder Hohlzan, genannt der "Verbinder". Bei dem Bananenspender handelte es sich eindeutig um Tarzan´s Vater Gelbzan, der nie etwas anderes als Bananen anbietet. Hättest du sein Angebot angenommen, wärst du in Tarzan´s Stripgruppe aufgenommen worden und zwar als Buschtrommel. Schade, diese Gelegenheit hast du jetzt verpasst. Geh einfach das nächste Mal nicht so vollgefressen zum Männerstrip!

# Mord durch Psychoanalyse?

*Michelle S. (32) aus N. fragt:*

**Lieber Herr Dr. Klugscheiss!**

**Neulich stand ganz urplötzlich meine Freundin D. bei mir vor der Tür und war völlig aufgelöst und total deprimiert. Ich bat sie erst mal rein zu mir und bot ihr einen Kamillentee an, den sie dann auch brav schlürfte, doch ihr Zustand verbesserte sich leider nicht. Dann fiel mir blitzartig ein, dass ich ihr aus meiner Sammlung Ihrer psychologischen Aufzeichnungen einfach ein paar Sorgen und Nöte anderer vorlese, weil dann ihr Leid vielleicht gemildert werde. Und siehe da, der Erfolg war so gravierend, dass meine Freundin einen totalen Lachanfall bekam. Sicher werden Sie jetzt meinen "na prima, Problem gelöst", aber von wegen. Da ich selbst sadistisch veranlagt bin, habe ich nicht mehr aufgehört Dr. Detlev´s kluge Ratschläge vorzulesen und dabei hat sich meine Freundin totgelacht. Jetzt meine Frage an Sie, Herr Doktor: Kann ich nun des Mordes bezichtigt werden, oder müssen Sie sich für diese unvorhergesehene Nebenwirkung Ihrer psychochaotischen Tipps verantworten? Bitte helfen Sie mir schnell, denn meine Freundin wird inzwischen schon von ihren Angehörigen vermisst.**

*Antwort von Dr. Detlev Klugscheiss:*

Liebe Michelle S. aus N.

Zunächst empfinde ich es als bodenlose Frechheit, sich über meine hochwissenschaftlichen und zutreffenden Problemlösungen lustig zu machen. Wer sich darüber totlacht, hat es sich selbst zuzuschreiben und diese Folgen sehrwohl verdient. Ich verbitte mir diese lächerliche Schuldzuweisung!

Des weiteren kannst auch du kein Mörder sein, da dieser bekanntermaßen immer der Gärtner ist. Um die Angehörigen zu beruhigen, empfehle ich die Leiche einem begnadeten Präparator zu überlassen und die Attrappe per Kurierdienst an die Heimatadresse zu überstellen. Die Familie freut sich über solch kleine Aufmerksamkeiten, vor allem steht der Beerbungsorgie nichts mehr im Weg. Noch ein Hinweis: Kamillentee dient ausschließlich zur Öffnung von eingetrockneten Pickelporen, niemals jedoch zur seelischen Stabilisierung unglücksgebeutelter Mitmenschen!

# Telefon nur bei Abwesenheit?

*Manuela L. (19) aus M. fragt:*

**Sehr geehrter Dr. Klugscheiss!**

**Ich hocke den ganzen Tag daheim und warte auf einen Anruf. Nichts tut sich. Doch kaum drehe ich den Arsch zur Tür raus, klingelt das Telefon. Wie ist das möglich?**

*Antwort von Dr. Detlev Klugscheiss:*

Liebe Manuela L. aus M.

Möglich macht das die heutige Technik. Telefone klingeln, wenn ein anderer Teilnehmer deine Nummer wählt. Dein Hinterteil hat vermutlich eine derart enorme Größe, dass du das Klingeln nicht hören kannst, solange du dich mit dem Telefon im selben Raum befindest. Das Bürzel als vollkommen natürlicher Schallschlucker sozusagen. Lass dir entweder von einem autorisierten Techniker das Telefon auf den Kopf montieren, oder parke einfach deinen Arsch vor der Tür.

# Miefmuffel

*Miriam A. (15) aus N. fragt:*

**Sehr geehrter Herr Doktor!**

**Ich bin ein Faschingsmuffel und kann mich kaum noch riechen. Was soll ich tun?**

*Antwort von Dr. Detlev Klugscheiss:*

Liebe Miriam A. aus N

Wenn du ausgerechnet in der Faschingszeit zu muffeln beginnst, solltest du bereits im Herbst die Badewanne aufsuchen und dich zwei Monate weichen lassen. Ist es jedoch ein Muffeln, das aus deinem tiefsten Inneren stammt, kann ich dich beruhigen: Du bist kein Faschingsmuffel, sondern ein Faschingsmiefel.

# Leben mit Verona

*Alois T. (23) aus O. fragt:*

**Hallo Herr Doktor!**

**Neulich sah ich Verona Feldbusch im Fernsehen. Ich finde sie einfach genial und möchte, dass meine Frau auch so wird.**

*Antwort von Dr. Detlev Klugscheiss:*

Lieber Alois T. aus O.

Verona Feldbusch zu klonen ist relativ einfach. Schlage deiner Frau einen Bohlen auf´s Auge und lass ihr das Gehirn quer einbauen. Zwei Kilo Make-Up und 18 Liter Zahnglanzpolitur machen aus jedem Hausdrachen zumindest optisch eine Verona. Achte auch darauf, dass sie beim Gehen auch immer brav die Knie und Oberschenkel aneinander reibt. Ein eckiger Hüftschwung rundet das Gesamtbild perfekt ab. Solltest du die Adresse eines Trommelfell entfernenden Kollegen benötigen, so wende dich einfach vertrauensvoll an mich.

# Wanderpokal aus Unwissenheit

*Kathrin W. (31) aus N. fragt:*

**Verehrter Dr. Klugscheiss!**

**Meine Bekannten sagen immer, ich wäre ein Wanderpokal. Was bedeutet das?**

*Antwort von Dr. Detlev Klugscheiss:*

Liebe Kathrin W. aus N.

So wie ein Wanderpokal immer weitergegeben wird, wirst wohl auch du in immer neuen Regalen, bzw. Schränken stehen. Suche dir einfach einen festen Wohnsitz. Die zweite Möglichkeit ist, du hast einen langen Oberkörper und kurze Beine. Deine abstehenden Ohren erinnern an den Henkel einer Siegestrophäe und somit bekamst du diesen absurden Namen. Hohe Schuhe und ein gut operierender Arzt würden in diesem Fall Abhilfe schaffen.

# Computerliebe Teil 2

*Nobby B. (21) aus R. fragt:*

**Sehr geehrter Dr. Klugscheiss!**

**Vielen Dank für ihre Unterstützung bei meinem Problem (siehe Seite 25). Ich habe dem CD-ROM eine gebrannt bis er mit den Zähnen geknirscht hat. Dann habe ich die Festplatte ausgebaut und bin mit ihr in ein Internet-Cafe gegangen. Leider waren dort einige brünstige Pentiums, die scharf auf meine Festplatte waren, so dass ich das Weite suchte. Zuhause angekommen, baute ich die Festplatte wieder ein und spielte mit ihr ein wenig herum. Ich hatte sie auch schon fast am rotieren, da machte mir der CD-ROM einen Strich durch die Rechnung mit einem "fatal system error". Seitdem bringe ich mein System nicht mehr hoch. Das macht mich richtig fertig, was soll ich nur tun?**

*Antwort von Dr. Detlev Klugscheiss:*

Lieber Nobby B. aus R.

Natürlich helfe ich dir gerne bei einem Problem, irgendwann  musst du jedoch lernen, auf eigenen Füßen zu stehen. Nun gut. Dein System ist außer Kontrolle und wir werden es gemeinsam hochbringen. Pass auf und führe meine Anweisungen genau durch: Verkleide dich als Pentium und stelle dir vor, wie du dein Netzkabel behutsam in die Steckdose einführst. Langsam und heiß durchdringt prickelnder Strom die erwartungsvoll schwingenden Kupferlitzen und dein Netzteil füllt sich mit atemloser Spannung. Nach wenigen Augenblicken fühlst du die schwache, zärtliche Impulse in Deine Systeme dringen, kraftvoll und stetig steigt deine Frequenz auf weit über 160. Jetzt ist dein System bereit für den alles entscheidenden Einsatz. Vorsichtig schickst du kurze, sanfte Stromstöße an deine geliebte Festplatte. Sie wird sofort reagieren, denn in Wahrheit ist sie dir sehr verbunden. Sobald sie sich im Taumel der Gefühle dreht wirst du bemerken, dass deine Systeme von ganz alleine belebt werden. Nachdem du jetzt so richtig in Fahrt bist, drücke immer wieder deinen Enter, bis du tief auf deiner untersten Bewusstseinsebene angelangt bist. Noch ein Tipp zum Schluss: Vergiss dein Passwort nicht, sonst musst du kurz vor dem Höhepunkt passen!

# Wenn die Eschen ebern

*Ludwig H. (49) aus A. fragt:*

**Sehr geehrter Herr Doktor!**

**Meine Mutter trug mir auf, in unserem Garten eine Eberesche zu pflanzen, da sie so gerne Wildschwein isst. Sie meint es wäre weniger grausam, die Tiere vom Baum zu ernten, als im Wald zu erschießen. Nun meine Fragen: Wachsen an Ebereschen wirklich Wildschweine? Wenn ja, wann tragen die Bäume das erste Mal "Früchte"? In welchem Monat sind die Eber reif zur Ernte?**

*Antwort von Dr. Detlev Klugscheiss:*

Lieber Ludwig H. aus A.

Natürlich wachsen männliche Wildschweine auf dieser Esche, aufgrund dieser Besonderheit trägt der Baum schließlich seinen Namen. Früchte - in diesem Falle Eber - gedeihen jedoch nur, wenn der Baum an einer windgeschützten, viertelschattigen Stelle gepflanzt und weder von Kindern, noch von Hunden bepinkelt wird. Der Winkel des Stammes zur Bodenoberfläche muss an der Südwestseite exakt 87,6 Grad betragen. Als Pflanzerde gibt man ein Sand-Lehm-Torfgemisch im Verhältnis 24:63:13. Der richtige Pflanzzeitpunkt ist der 3. Tag im abnehmenden Stiermond, sobald ein Wind mit der Stärke 4 aus Nordwesten bläst und eine 37köpfige japanische Reisegruppe in einem roten Linienbus durch die Münchner Paul-Heyse-Unterführung fährt. Wenn diese Voraussetzungen gegeben sind werden die reifen Eber nicht nur besonders saftig, diese Voraussetzungen sind notwendig, dass überhaupt welche daran wachsen. Sollte also irgend ein Pflanz- oder Wachsfaktor nicht penibel eingehalten worden sein, können nur lächerliche orange-rote Beeren geerntet werden.

# **L**autstarke **B**usgase

*Lydia B. (17) aus E. fragt:*

**Verehrter Dr. Klugscheiss!**

**Immer wenn ich mit dem Bus fahre, muss ich grausam furzen. Ich schäme mich so sehr, was soll ich tun?**

*Antwort von Dr. Detlev Klugscheiss:*

Liebe Lydia B. aus E.

Am besten wird sein, du fährst mit dem Fahrrad. Dann kannst du deine entweichenden Gase als Nachbrenner einsetzen und bist trotz fehlendem Rückenwind schneller als der Schall. Hast du jetzt noch Zweifel, so denke an das alte Sprichwort: "Nach mir die Stinkflut". Da hatte einer das gleiche Problem!

# **C**omputerprügel

*Johanna E. (24) aus S. fragt:*

**Sehr geehrter Dr.!**

**Ich habe, damit ich auch am neuesten Stand der Dinge bin, mir nun auch das Internett zugelegt, nur das I-MAILen geht nicht bei mir. Gibt es da ein altes Hausmittel, oder nur die große Haue für meinen Computer??**

*Antwort von Dr. Detlev Klugscheiss:*

Liebe Johanna E. aus S.

Inter hat mit nett nichts zu tun, deshalb kommt es öfter vor, dass dir der Computer symbolisch die Zunge rausstreckt. Sicher ist auch, dass Computer nach großer Haue geradezu süchtig sind, vor allem wenn diese Züchtigung durch einen schweren Gegenstand mit Stiel erfolgt. Als Alternative zur elektronischen Post käme die bewährte Postflasche in Frage. Einfach E-Mail in die Pulle und ab damit ins nächste Gewässer. Das funktioniert immer!

# 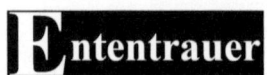ntentrauer

*Michael L. aus A. (22) fragt:*

**Sehr geehrter Herr Doktor!**

**Letzte Woche ist meine WC-Ente durch die Abflussröhre der Toilette geflüchtet. Jetzt bin ich total einsam und traurig. Wie bekomme ich sie nur wieder?**

*Antwort von Dr. Detlev Klugscheiss:*

Lieber Michael L. aus A.

Flüchtigen WC-Enten jagt man üblicherweise einen Abfluss-Dackel nach. Dieser Spürhund wird mit eingebauter Taucherbrille geboren und an Stelle des Schwanzes dreht sich eine Art Schiffsschraube. Somit ist er bestens für seinen Unterwasserjob geeignet und bringt dein Entlein rasch und unversehrt zurück in deine Arme.

# Pfrömel - unhörig

*Lisbeth H. (17) aus B. fragt:*

**Verehrter Herr Dr. Klugscheiss!**

**Ich habe einen Hund, der "Pfrömel" heißt, leider hört er aber nur auf den Namen "Sigi". Wie kann ich ihm diesen Ungehorsam austreiben?**

*Antwort von Dr. Detlev Klugscheiss:*

Liebe Lisbeth H. aus B.

Hunden, die ihren eigenen Namen missverstehen, schneidet man die Ohren ab und klebt sie ihnen verkehrt an den Kopf. Sollte das nicht helfen, erkläre ihm, dass "Pfrömel" der Häuptling der Weißwölfe und der Urvater aller Hunderassen war, "Sigi" dagegen der Treppengeländermischlingsköter des Leichenwagenfahrers. Er wird dann sehr schnell einsichtig, folgsam und stolz auf diesen saublöden Namen "Pfrömel" sein.

# Sexbesessene Ehefrau

*Manfred Z. (32) aus K. fragt:*

**Lieber Herr Doktor Klugscheiss!**

**Mindestens einmal jeden Monat, meistens so gegen Ende, will meine Frau Sex. Und das nach 11 Jahren Ehe. Das ist ja wie bei den Tieren. Bin ich denn ein Rammler? Ich erledige meine eheliche Pflicht gewissenhaft einmal jährlich und ich tue das gerne und weil sich das so gehört. Aber diese Sexbesessenheit meiner Frau macht mir schwer zu schaffen. Es gibt doch noch was anderes als immer nur pimpern! Das ist doch echt nicht normal oder?**

*Antwort von Dr. Detlev Klugscheiss:*

Lieber Manfred Z. aus K.

Deine Frau ist wirklich vollkommen sexistisch veranlagt. Dabei müsste sie eigentlich wissen, dass Männer ab 30 höchstens 1 mal in 365 Tagen zum Liebesakt fähig sind. Zumindest mit der eigenen Gattin. Abhilfe für die völlig abnorme Veranlagung deiner Gemahlin schafft ein Sud aus 3 Kilo frisch gepflückter Brennessel, einem leicht angebrüteten Eidotter, sowie 4 Esslöffel Zimt. Die klein gehackten Nesseln mit den Zutaten kurz sieden und anschließend 22 Minuten unter ständigem Rühren köcheln lassen. Die erkaltete Brühe in einer Vollmondnacht in leere Kümmerlingflaschen abseihen und deiner Frau bei Sonnenaufgang zu trinken geben. Pro Sonnenaufgang eine Pulle. Falls sich im Körper der Frau wieder einmal diese gefährlichen Endorphine, jene Glücks- oder "Ichwillsex"-Hormone bilden, entwickelt der Trank in ihrer Nasenschleimhaut einen intensiven Schafsgeruch, der jegliche weiblichen lüsternen Gedanken vergessen lässt.

45

# Toilettenphilosoph

*Alfred N. (17) aus B. fragt:*

**Hallo Doktor Klugscheiss!**

**Manchmal wenn ich auf dem Klo sitze, habe ich geniale philosophische Ideen. Ich berste vor guten Einfällen, eine gemütliche Sitzung beflügelt meine Sinne geradezu. Trotz meiner geistigen Purzelbäume, weiß ich oft nicht, wie ich mich ausdrücken soll. Könnten Sie mich irgendwie unterstützen?**

*Antwort von Dr. Detlev Klugscheiss:*

Lieber Alfred N. aus B.

Statt philosophischer Einfälle, solltest du besser körperliche Ausfälle produzieren. Natürlich kann das stille Örtchen ein Platz der Entspannung oder Besinnung sein. Vielleicht vernebeln gewisse Dämpfe dein Urteilsvermögen, aber der einzige Ausdruck in einer Toilette ist - soweit mir bekannt - erdfarben und hat einen eigenartig würzigen Geruch.

# Mord wegen Allergie?

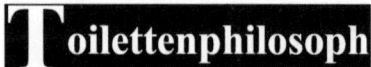

*Armin L. (23) aus B. fragt:*

**Sehr geehrter Herr Doktor!**

**Meine Frau leidet seit kurzem völlig überraschend unter einer schrecklichen Katzenallergie. Was mache ich nur, ich liebe sie doch so sehr. Soll ich sie trotzdem einschläfern lassen?**

*Antwort von Dr. Detlev Klugscheiss:*

Lieber Armin L. aus B.

Seit der Zivilisierung Europas gibt es die Möglichkeit der gesetzlichen Scheidung, du brauchst deine Frau also nicht zu töten. Falls du es vorziehst, dich von der Katze zu trennen, dann schenke sie dem örtlichen Fischzuchtverein. Dort kann sich die Mieze sinnvoll betätigen, indem sie testet, ob die Forellen schon reif sind. Eine echte Bereicherung, sowohl für das Katzendasein, als auch für den Oberfischzüchter.

# Hochdeutsches Spätelchen

*Gert (27) aus M. fragt (schon wieder):*

**Sehr geehrter Doktor Klugscheiss!**

**Als Zugereister, manchmal werde ich auch als "Saupreuß" bezeichnet, habe ich manchmal Probleme mit dem Verständnis der bayerischen Sprache und verstehe nicht alles, wenn z. B. meine bayerische Arbeitskollegin über mich spricht. Als Beispiel könnte ich eine Redewendung nennen, die auf hochdeutsch etwa bedeuten würde, dass ich mir ein Spätelchen reinziehe. Diese wörtliche Übersetzung verfehlt jedoch wahrscheinlich den Sinn und so frage ich Sie, ob es Bücher oder Kurse gibt, die mich in die bayerische Sprache einführen?**

*Antwort von Dr. Detlev Klugscheiss:*

Lieber Gert aus M.

Der Ausdruck "ein Spätelchen reinziehen" ist in Süddeutschland nicht geläufig, ja geradezu unbekannt. Schließlich gibt es außer Spatenbier noch eine Menge weitaus bekannterer Brauereierzeugnisse. Saupreußen wie du wissen das natürlich nicht, denn wenn sie sich einmal an etwas gewöhnt haben, sind sie schlichtweg zu faul, sich etwas Neues anzueignen. Das gilt insbesondere für Weltsprachen, wie zweifellos Bayrisch eine ist. Es ist sogar sehr verwunderlich, dass bayrische Arbeitskolleginnen über dich sprechen. Dieser Umstand sollte dich zutiefst ehren, denn das bedeutet, dass du zumindest als Individuum wahrgenommen wirst und somit ein nicht ganz so schrecklicher "Zuagroasta" zu sein scheinst. Lektüre zur Sprachenlehre gibt es hierzu haufenweise, z. B. Asterix auf bayrisch, auch sogenannte Stammtischkurse werden angeboten. Bedenke jedoch, einführen kannst du dich in alles mögliche, nur nicht in die bayrische Sprache.

# Hilfe! Ich bin ein Suchtbolzen!

*Jari L. (42) aus A. fragt:*

**Verehrter Herr Doktor Klugscheiss!**

**Ich habe vor 3 Monaten offiziell zu rauchen aufgehört. Jetzt giere ich wieder nach Nikotin und rauche heimlich täglich eine Schachtel Zigaretten. Wie soll ich meinen beiden Söhnen (19 und 23 Jahre) beibringen, dass ihre Mama wieder süchtig ist? Ich schäme mich ja so!**

*Antwort von Dr. Detlev Klugscheiss:*

Liebe Jari L. aus A.

Es ist wirklich eine Sauerei, was du dir da erlaubst und du hast allen Grund dich zu schämen! Deinen Söhnen würde es vermutlich das Herz brechen, wenn sie wüssten, welch eine qualmende, stinkende und nikotinabhängige Versagerin du bist. Bitte deine Jungs täglich um Verzeihung, kaufe jedem ein Fiat Cabriolet und wandere in die Wüste aus. Dort gibt es ausschließlich Kamelmist zu rauchen und nach wenigen Wochen weißt du ohnehin nicht mehr was du tust.

# 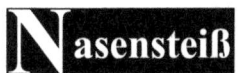asensteiß

*Emma W. (21) aus B. fragt:*

**Verehrter Doktor Klugscheiss!**

**Vor zwei Monaten war ich beim Schönheitschirurgen, um meine Nase verkleinern zu lassen. Als ich aus der Narkose erwachte, war meine Nase verschwunden. Drei Tage später, als ich auf der Toilette sass, entdeckte ich sie zwei Zentimeter über dem Steißbein. Jetzt kann ich mich plötzlich nicht mehr riechen. Was mache ich nur?**

*Antwort von Dr. Detlev Klugscheiss:*

Liebe Emma W. aus B.

Deine Nase ist also am Arsch. Das ist sehr bedauerlich, denn nun bekommst du aus nächster Nähe mit, was du so alles ablässt. Da hilft nur Grippe, oder Dauerschnupfen, denn eine verstopfte Nase lindert dein Problem wesentlich. Hast du schon einmal erwogen, die Operation rückgängig zu machen? Ich würde jedoch empfehlen, einen erneuten Eingriff von einem anderen Arzt vornehmen zu lassen. Dein Ex-Doc ist möglicherweise nochmal schlecht drauf und ehe du dich versiehst, ziert eine senkrechte Spalte dein Gesicht und alle Leute würden "Arsch mit Ohren" zu dir sagen.

# Unbenutzt ist unerträglich

*Petra K. (19) aus E. fragt:*

**Lieber Herr Doktor Klugscheiss!**

**Seit 19 Jahren bin ich Jungfrau und ich bin es gern, obwohl ich schon sehr viel älter aussehe. Was kann ich tun, damit dieser Zustand so bleibt?**

*Antwort von Dr. Detlev Klugscheiss:*

Liebe Petra K. aus E.

Bohre dir, immer wenn du dich zur Nachtruhe begibst, eine dicke Stricknadel durch die Schamlippen und befestige beide Enden mit einem starken Klebeband unterhalb deiner Kniescheiben. Nach 8 Wochen sind die Schamlippen lang genug um sie zu einem Knoten zu knüpfen. Dieser wird nun mit einem guten Sekundenkleber bestrichen, damit nur ja nichts mehr lose wird. Somit hast du die beste Voraussetzung für ein langes Leben, denn alte Jungfrauen werden grundsätzlich an die 100 Jahre alt.

# An den Haaren herbeigezogen?

*Christoph L. (37) aus R. fragt:*

**Hallo Doktor Klugscheiss!**

**Ich kann nicht glauben, dass Menschen wirklich diese blödsinnigen Fragen haben, die Sie da ständig veröffentlichen! Das ist doch alles an den Haaren herbeigezogen, eine Idee von Ihnen oder Ihrem Werbeberater, oder??? Ich erwarte mir eine ehrliche Antwort!**

*Antwort von Dr. Detlev Klugscheiss:*

Lieber Christoph L. aus R.
Wahrscheinlich glaubst du auch nicht, dass du selbst geschrieben hast. Dank deines kritischen Verstandes glaubst du vermutlich, dass es keine genmanipulierten Tomaten gibt und dass du irgendwann eine Rente bekommst. Wie du auf meinem Foto sehen kannst, ist die Anzahl meiner Haare sehr begrenzt. Ich weiß daher, welch grausame psychische Schäden durch mangelnden Haarwuchs entstehen und werde mich deshalb hüten, Probleme daran herbeizuziehen.

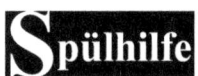

# Spülhilfe

*Georg K. (17) aus N. fragt:*

**Hochverehrter Herr Doktor Klugscheiss!**

**Da ich Ihre Kompetenz, Ehrlichkeit und Diskretion so schätze, habe ich beschlossen, mich mit meinem Problem an Sie zu wenden. Es ist mir immer wieder sehr peinlich und unangenehm, wenn mich meine Mutter bittet, ihr beim Spülen zu helfen. Ich verstehe nicht, warum sie meine Hilfe dazu braucht - was ist schon dabei, auf den Knopf zu drücken, wenn man fertig ist? Außerdem ist es ekelhaft, in die stinkende Toilette zu kommen und die Verdauungsrückstände zu betrachten. Was soll ich nur tun, und warum fällt das meiner Mutter immer beim Abwasch ein?**

*Antwort von Dr. Detlev Klugscheiss:*

Lieber Georg K. aus N.

Deiner Mutter fehlt offensichtlich das Kurzzeitgedächtnis. Wenn sie nach erfolgreicher Darmentleerung vergisst, den Knopf zu drücken, ist es eigentlich kein Problem, denn das spart Wasser und schont somit die Umwelt. Wenn sie sich allerdings beim Anblick des Geschirrs an ihren frisch verdauten Nahrungsabfall erinnert, wundere ich mich doch ein wenig über euere Essgewohnheiten. Zur Problemlösung empfehle ich deiner Mutter einen Teller aus dem Fundus der noch zu spülenden Geschirrteile auf die Toilette mitzugeben. Der Anblick dessen wird ihr Knopf-drück-Erinnerungsvermögen wieder herstellen.

# Pfannenschaden

*Martina N. (26) aus B. fragt:*

**Sehr geehrter Herr Doktor Klugscheiss!**

**Normalerweise bin ich eine friedliebende, anschmiegsame Frau, doch neulich hat mich mein Mann so genervt, nur weil ich seit 4 Monaten die**

**Wäsche nicht gebügelt habe, dass ich ihm mit der gusseisernen Bratpfanne eins über den Schädel gezogen habe. Seit einer Woche ist er jetzt wieder vom Krankenhaus daheim, doch jetzt sagt er ständig Christian zu mir und will immer an meinen Zehen saugen. Was soll ich davon halten?**

*Antwort von Dr. Detlev Klugscheiss:*

Liebe Martina N. aus B.

Wenn man die Rübe mit einer Beule verziert bekommt, ist man normalerweise sehr erfreut und will dem Freudenspender - in diesem Falle dir - beweisen, wie sehr man ihn schätzt. Offensichtlich besitzt du sehr schmutzige und grindige Zehen, die dein Mann jetzt eigenmündig reinigt. Du solltest ihm wirklich dankbar dafür sein. Christian nennt er dich deswegen, weil Christian auch eine faule Kröte ist und niemals seine Klamotten bügelt.

# Raps-Allergie

*Maria N. (17) aus G. fragt:*

**Sehr geehrter Herr Dr. Klugscheiss!**

**Im Mai hatte ich ein Techtelmechtel in einem Rapsfeld, bei dem ich mich so ziemlich verausgabt habe. Jetzt bekomme ich keine Luft mehr und war schon beim Arzt. Der sagt, ich hätte eine vergilbte Staublunge und sehe von innen aus wie ein vom Holzwurm zerfressener Baumstamm. Wie kann sowas passieren und was soll ich tun?**

*Antwort von Dr. Detlev Klugscheiss:*

Liebe Maria N. aus G.

In deiner Extase hast du offensichtlich sämtliche Rapspollen im Umkreis von 100 Metern eingeatmet. Um deinen phänomenalen Lungeninhalt sinnvoll zu nutzen, solltest du den Beitritt zur örtlichen Feuerwehr in Betracht ziehen und eventuell zur Lebensaufgabe machen. Im Falle eines Brandes bläst du in die Flammen, die durch die Rapspollen in deinen Atemwegen sehr schnell und umweltschonend erstickt und somit gelöscht werden. Das ist ein krisensicherer Job. Um dein Reservoir wieder aufzufüllen brauchst du immer nur in diversen Rapsfeldern kräftig techteln und mechteln.

# Kopfabschalter defekt

*Tobias N. (23) aus L. fragt:*

**Sehr geehrter Herr Doktor!**

**Zur Zeit habe ich sehr viele Probleme in meiner Beziehung, sodass ich kaum noch abschalten kann und meinen Kopf einfach nicht frei bekomme. Wie kann ich wieder ein relaxter Mensch werden?**

*Antwort von Dr. Detlev Klugscheiss:*

Lieber Tobias N. aus L.

Um den Kopf frei zu bekommen nimmst du einfach eine Luftpumpe, steckst den Schlauch ins rechte Ohr und pumpst einige Male kräftig durch. Wichtig dabei ist, dass die Nasenhöhle frei liegt, um Problemgedanken und abgestorbener Gehirnmasse freien Durchschlupf nach unten gewähren zu können. Die Aktion war erfolgreich, wenn du dir widerstandslos ein Bettlaken quer durch beide Ohren fädeln und dieses locker hin und her ziehen kannst.

# Siebige Rechnung

*Michaela W. (15) aus S. fragt:*

**Hallo Doktor Klugi!**

**Warum hat ein Nudelsieb Löcher?**

*Antwort von Dr. Detlev Klugscheiss:*

Liebe Michaela W. aus S.

Zunächst verbitte ich mir diese schnöde Anrede "Doktor Klugi"! So eine Frechheit!!! Nun zur Frage: Durch die Anzahl der Löcher im Nudelsieb wird die Menge der zu siebenden Nudeln berechnet. Hat man z. B. ein Sieb mit 84 Löchern, multipliziert man diese Zahl mit der Dicke der Nudeln. Das ist die gesetzlich vorgeschriebene, höchstzulässige Nudelkapazität, die für eine Siebung erlaubt ist. Die zweite Berechnung für die man die Anzahl der Löcher benötigt ist folgende: Löcherzahl dividiert durch die Hitzegrade der Nudeln ergibt die Zeit in Minuten, innerhalb der der Siebvorgang abzuschließen ist.

# Schleimen macht sich bezahlt

*Christoph K.(19) aus T. fragt:*

**Lieber Herr Klugscheiss!**

**Ich habe wirklich ein großes Problem. Also, ich gehe noch in die Schule und bin da auch ziemlich beliebt - dachte ich zumindest immer. Ich habe immer sehr verantwortungsvolle Aufgaben zugeteilt bekommen - vom Direktor - weil ich ja so super bin. Doch in letzter Zeit beschleicht mich immer mehr das Gefühl, dass sie immer nur einen Dummen suchen, der die Scheißarbeit erledigt, weil immer wenn ich alles erledigt habe und jedem alles ganz genau darüber berichten will, hört mir keiner so richtig zu. Verzweifelt habe ich nun versucht, durch ein neues Outfit wieder mehr Beachtung zu erlangen; und nebenbei - ich sehe wirklich toll aus, doch irgendwie kommen jetzt immer so blöde Bemerkungen, die meine Normalität in Frage stellen. Ich verstehe das alles nicht, bitte helfen Sie mir!**

*Antwort von Dr. Detlev Klugscheiss:*

Lieber Christoph K. aus T.

Der Mensch neigt dazu, über Dinge zu sprechen, die ihn beschäftigen. Nachdem du überwiegend mit der Toilettenreinigung befasst bist, wirst du ausführlich darüber berichten. Das Interesse an solchen Geschichten ist normalerweise sehr groß. Der Grund, weshalb ausgerechnet dir nicht zugehört wird, hat mit deinem Outfit nichts zu tun. Schuld an der Ablehnung ist der Geruch, der dir durch deine Tätigkeit anlastet. Normalität hat auch mit normaler Hygiene zu tun, das heißt, du bist berechtigt, dich zu waschen, du Ferkel! Dann beachten dich die Menschen nicht nur, in dem sie vor dir die Flucht ergreifen. Sollte die "Nichtwaschtheorie" auf dich nicht zutreffen, bist du einfach nur ein arroganter, schleimiger Schnösel, mit dem keiner so richtig etwas zu tun haben will. Da würde eine lange Meditation in einem Hühnerstall deiner Wahl helfen. Hühner beachten den Menschen immer, sobald dieser mit dem Futter aufkreuzt.

# Ausdrucksweise zerstört Familienbande

*Frau S. aus R. fragt:*

Sehr geehrter Herr "Kollege"!!

Es ist ein Drama, was Ihre unprofessionelle Lebensberatung bei meinen Mitmenschen anrichtet! Da ich selbst aus dieser Branche bin, im Unterschied zu Ihnen aber absolut seriös und einfühlsam arbeite, muss ich Ihnen nun folgenden Fall schildern:

Eines Tages kam ein Klient, Herr Ö. aus Ä. (Anfangsbuchstaben selbstverständlich geändert!!!), zu mir in die Praxis, der zuerst recht unauffällig schien. Doch im Laufe unseres Gespräches stellte sich dann heraus, dass er unter einem "Dr. Detlev Klugscheiss-Syndrom" leidet. Er verwendete ausgesprochen häufig das Wort "Klugscheiss", welches er besonders laut und deftig artikulierte und genau das ist auch schon der Punkt seiner Problematik!!

Sein Elternhaus, das er mir letztenendes beschrieb, legt größten Wert auf eine höchst saubere und korrekte Umgangssprache. Da er nun eine Abhängigen-Persönlichkeitsstruktur besitzt und er sich aufgrund seiner strengen, "reinen" Erziehung natürlich umsomehr dem ordinär, frivolen Milieu, sozusagen als Ausgleich hingezogen fühlt, blieb er insbesondere an ihren psycho-chaotischen Ausführungen hängen. Seit einigen Jahren nun schon, hat sich Ihr delikater Schreibstil in seiner eigenen Umgangssprache manifestiert und er musste als Folge dadurch nun bitter den Rausschmiss aus seinem Elternhaus erfahren.

Meinen Klienten, Herrn Ö. aus Ä., 75 Jahre alt, hat dieses Erlebnis so schwer getroffen, dass er aufgrund einer hinzukommenden asthenischen Persönlichkeitsstörung es nicht gewagt hat, sich seinen 98 und 99 jährigen Eltern zu widersetzen. Im Moment versuche ich ihn zu motivieren mit selbstbewusstseinsstärkenden Praktiken, sowie durch NLP-Techniken in ihm den Begriff "Klugscheiss" in "Klugkot" umzuprogrammieren.

Bitte nehmen Sie sich dieses Fallbeispiel zu Herzen - falls Sie ein solches haben - und fragen Sie Ihr Gewissen, ob Sie auf diese Weise noch mehr arme Bürger in die Krise stürzen wollen!!

Nichtachtungsvoll Frau S. aus R.

Liebe Frau S. aus R.

Wer ständig meinen Namen preist, kann unmöglich psychisch krank sein! Vielleicht sollten Sie, geschätzte Frau Kollegin, Ihre Einstellung diesbezüglich überprüfen. Mein Name, der sich hinten raus wie das menschliche Abfallprodukt anhört, ist in Wahrheit die Abkürzung von Klug S (sichere) C (chaotische) H (Handhabung) E (einer) I (immens) S (schwerverdaulichen) S (Symptomanie). Jetzt wissen Sie also Bescheid. Bitte nerven Sie mich in Zukunft nicht mit Ihren unqualifizierten Unterstellungen, geben Sie Ihrem armen, unwissenden Patienten meine Adresse, ich bringe ihn ganz rasch ferndiagnostisch auf den richtigen Pfad. Falls auch Sie selbst eine Behandlung benötigen, so fassen Sie sich im nächsten Brief gefälligst kurz!

# **B**rechreiz beim **Z**ungenkuss

*Marion B. (13) aus T. fragt:*

**Sehr geehrter Herr Dr. Klugscheiss!**

**Letzte Woche hab ich einen total süßen Boy kennengelernt. Ich hab mich total in ihn verknallt. Heute Nachmittag hat er mich das erste mal geküsst. Plötzlich steckte er mir seine Zunge in den Mund. Ich hab mich gleich so geekelt, dass ich mich total übergeben musste. Der Typ war gleich total sauer und ich fürchte, er will jetzt nichts mehr von mir wissen. Aber so eklige Sachen darf man doch nicht tun, oder doch? Ist das nicht total ungesund?**

*Antwort von Dr. Detlev Klugscheiss:*

Liebe Marion B. aus T.

Eine fremde Zunge im Mund ist für eine Notfallsituation gedacht, die dir in deinem Leben passieren könnte. Falls nämlich irgendwann deine eigene Zunge kaputtgehen sollte, bekommst du jederzeit von einem Menschen der dich liebt Ersatz. So kannst du dich gefahrlos durch dein Leben züngeln und brauchst dich vor Zungenverlust nicht zu fürchten. Auch das Ekelgefühl wirst du verlieren, sobald du dich nur einmal so richtig ausgekotzt hast. Wer weiß, vielleicht findest du sogar einmal so viel Spaß an diesen Spielchen, dass du richtig gierig auf fremde Zungen, also ein sogenannter Zungenjunkie wirst.

# Oma - Lifting

*Peter A. (32) aus F. fragt:*

**Verehrter Doktor Klugscheiss!**

**Meine Oma ist recht eitel. Sie war schon 17-mal beim Schönheits-Chirurgen, um sich ein Ganzkörperlifting machen zu lassen. Dabei wurde jedesmal die Bauchhaut nach oben gezogen. Als ich meine Oma nun kürzlich wieder sah, hatte sie einen Vollbart! Wie kann man ihr helfen?**

*Antwort von Dr. Detlev Klugscheiss:*

Lieber Peter A. aus F.

Nimm deine Oma doch einfach wie sie ist. Haare unter dem Kinn - auch wenn sie bei Frauen dort normalerweise nicht hingehören - sind immer noch besser, als selbige auf den Zähnen. Wenn deine Oma den Vollbart jedoch als störend empfindet, sollte sie sich das nächste Mal nur am unteren Rücken liften lassen. Allerdings besteht dabei die Gefahr, dass sich Lippen und Augenbrauen plötzlich zwischen den Schulterblättern befinden. Immerhin würde der Bart bei dieser Methode unauffällig mit dem Kopfhaar verschmelzen.

# Nichts wackelt mehr

*Monika B. (37) aus D. fragt:*

**Lieber Herr Dr. Klugscheiss!**

**Hilfe! Mein Wackeldackel ist kaputt, sein Genick ist völlig steif. Was kann ich tun?**

*Antwort von Dr. Detlev Klugscheiss:*

Liebe Monika B. aus D.

Da hilft nur selber wackeln bis du einen Ersatz gefunden hast. Übrigens, neue Wackeldackel gibt es bei der Wackeldackelzuchtfarm Dackwackelhausen, Dackelwackstraße 11, 678456 Wackdackelheim.

# Böses Erwachen

*Christian B. (24) aus B. fragt:*

**Sehr geehrter Doktor Klugscheiss!**

**Letzte Woche bin ich frühmorgens mit einem fürchterlichen Brummschädel nach nächtlicher Sauftour in einem fremden Bett neben einem fremden Mann erwacht, der mich sogleich liebevoll in den Arm nahm und küsste. Ach, ich schäme mich ja so! Nun meine Fragen: Wie kann ich feststellen, ob ich Dinge getan habe, die ich normalerweise nie tun würde? Wie kann ich ein solches Missgeschick in Zukunft vermeiden?**

*Antwort von Dr. Detlev Klugscheiss:*

Lieber Christian B. aus B.

Wenn du normalerweise niemals Knoblauch isst, so hast du es am Tag deines Missgeschicks auch nicht getan, sonst hätte dich dein Bettgenosse sicher nicht morgens geküsst. Deine Neigungen sind jedoch sehr merkwürdig, um nicht zu sagen krass! Um solcherart besondere Erlebnisse bewusst zu genießen, sollte man sich nicht mit Alkohol die Birne vernebeln. Willst du jedoch im Suff besondere Dinge erleben, knall dich derart zu, dass dir im Krankenhaus der Magen ausgepumpt werden muss. Das ist erstens ein ganz besonders leckeres Erlebnis, zweitens ist die Gefahr, dass du in einem Mehrpersonenbett erwachst, relativ gering.

# 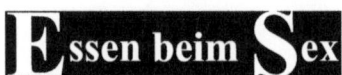ssen beim Sex

*Doris B. (35) aus V. fragt:*

**Lieber Herr Dr. Klugscheiss!**

**Gestern habe ich während eines erotischen Anfalls aus Versehen eine Fliege verschluckt. Ist das schädlich?**

*Antwort von Dr. Detlev Klugscheiss:*

Liebe Doris B. aus V.

Eine Fliege im Magen ist nicht annähernd so schädlich wie beispielsweise eine Krawatte. Trotzdem solltest du, wenn du dich wieder einmal im Sinnestaumel befindest, den Herrn zuerst entkleiden, besonders wenn er elegant gewandet ist. Denn falls du vor lauter Sexgier einmal ein Sakko verschluckst, hast du ein echtes Problem: Es passt keinesfalls durch den Darm, kann also deinen Körper auf natürlichem Wege nicht verlassen. Außerdem ist mir bisher keine Veranstaltung bekannt geworden, die eine Kleiderordnung im Körperinneren vorschreibt.

# chneckenfrage

*Gabi N. (25) aus B. fragt:*

**Sehr geehrter Doktor Klugscheiss!**

**Warum haben Nacktschnecken eigentlich keinen Pelz und warum sagt mein Freund immer "Schneckchen" zu mir?**

*Antwort von Dr. Detlev Klugscheiss:*

Liebe Gabi N. aus B.

Hätten Nacktschnecken einen Pelz, würde man sie Pelzschnecken nennen, außerdem würden sie mit Behaarung allzu leicht mit männlichen Gorillas verwechselt werden, die erwiesenermaßen überaus bepelzt sind. Der Kosename, den dein Freund dir verpasst hat bedeutet, dass er dich von einem Gorillamännchen eindeutig unterscheiden kann. Du wirst diesem Namen gerecht werden, wenn du dich langsam in das Leben deines Freundes einschleimst und ständig deine Fühler nach Fressbarem ausstreckst, bevor du ihn ehelichst.

# Käsige Entführung

*Petra L. (25) aus T. fragt:*

**Lieber Doktor Klugscheiss!**

**Mein Weichkäse ist verschwunden! Ich habe ihn nach dem Einkauf ins Handschuhfach meines Autos gelegt, war dann noch drei Stunden beim Sonnenbaden am See und als ich heimkam war der Käse weg. Nur noch eine schwabbelige Spur zeugte von seiner Anwesenheit. Kann es sein, dass er von Außerirdischen entführt wurde und auf meine Hilfe wartet? Was soll ich tun?**

*Antwort von Dr. Detlev Klugscheiss:*

Liebe Petra L. aus T.

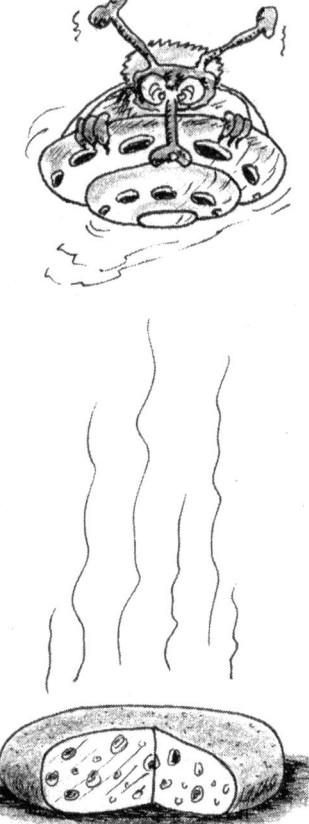

Erdensommer ist immer eine anziehende Zeit für Außerirdische. Geradezu manische Käsefresser sind die legendären Urmulumis vom Planeten Melnax des Pertinatulo Systems. Sie sind in der Lage, schmelzenden Weichkäse über Milliarden von Lichtjahren hinweg zu orten, ja sie hören sogar sein Wehklagen. Um Klarheit in die Angelegenheit zu bringen, führe in deinem Handschuhfach einfach den "Schnappdich-Test" durch. Er funktioniert folgendermaßen: Man legt einen gelben Handschuh in das Fach und klappt den Deckel des Handschuhfachs viermal zu und auf. Ist der Handschuh danach weg, waren tatsächlich Außerirdische am Werk. Klebt er jedoch unangetastet an der Käsespur, ist alles in Ordnung, der Käse hat sich nur versteckt und will vielleicht mit dir spielen. Stelle die Heizung deines Autos auf volle Leistung und schalte das Gebläse an. Er wird dann schnell wieder zum Vorschein kommen, möglicherweise jedoch etwas weiter entwickelt.

# **M**ein **K**örper spielt verrückt**!**

*Andrea G. aus A. fragt:*

**Sehr geehrter Herr Dr. Klugscheiss!**

**Ich habe ein wahnsinnig großes Problem.** Seit ich in meine Pubertät gekommen bin, passieren mir lauter merkwürdige Sachen: Mein Gesicht sieht aus wie ein Streuselkuchen vor lauter Pickel, und ich bekomme Haarwuchs an jenen Stellen, an denen ich mich doch immer so gründlich gewaschen habe! Aber das verwirrungsstiftende ist, dass ich neuerdings zwischen meinen Beinen blute! Was passiert nur mit mir?!? Kann es vielleicht sein, dass ich eines dieser sogenannten "Jesuswunder" bin, oder ist es vielleicht so eine Art "Hiobsbotschaft!"? Oder ist es auch möglich, dass ich mir aufgrund meiner plötzlichen Fresssucht und der dadurch immer dicker werdenden Oberschenkel einen Wolf gelaufen habe? Falls es Ihnen weiterhilft: Meine Mutter ist ebenfalls dieses Phänomens mächtig. Ich weiß echt nicht mehr weiter, und kann nur noch auf Ihren weisen Rat vertrauen.

*Antwort von Dr. Detlev Klugscheiss:*

Liebe Andrea G. aus A.

Du hast nicht ein wahnsinnig großes Problem, du hast gleich drei davon. Die Pubertät ist erwiesenermaßen das Anfangsstadium des Rentenalters. Deine zunehmende Vergreisung beweist auch die Tatsache, dass dir Haare aus den Ohren wachsen. Natürlich bist du kein Jesuswunder, welch vermessener Gedanke! Vielmehr ist es in deinem Alter üblich, dass die Krampfadern an den Oberschenkeln platzen, deine Mutter wird das bestätigen können. Somit fließt natürlich Blut zwischen den Beinen. Pickel bekämpft man einfach, indem man eine 2 cm dicke Gesichtsmaske aus feuchtem Zement auflegt. Wird diese nach drei Stunden entfernt, sind die Pickel darin verbacken und dein Gesicht erstrahlt in völlig neuem, jugendlichen Glanz. Feinen Pickelzement bekommst du relativ preisgünstig in jedem Baumarkt.

# Wurmgeschlecht

*Bernhard G. (16) aus K. fragt:*

**Lieber Herr Doktor Klugscheiss!**

**In Biologie lernten wir alles über Regenwürmer. Leider ist mir eine Sache immer noch nicht klar und ich erhielt bisher auch keine befriedigende Antwort darauf. Gibt es männliche und weibliche Regenwürmer? Wenn ja, wie erkennt man den Unterschied?**

*Antwort von Dr. Detlev Klugscheiss:*

Lieber Bernhard G. aus K.

Selbstverständlich gibt es männliche und weibliche Regenwürmer. Den Unterschied erkennt man, indem man verschiedene Würmer in den Mund nimmt und langsam und vorsichtig zwischen den Zähnen wieder herauszieht. Derjenige Wurm, welcher zwischen den Zähnen hängenbleibt, ist logischerweise der männliche.

# Wahre Liebe

*Bernd M. (21) aus G. fragt:*

**Sehr geehrter Herr Doktor Klugscheiss!**

**Seit vier Jahren bin ich nun verheiratet und muss immer noch ständig an meine Frau denken. In der Arbeit, im Bus, ja sogar beim Fremdgehen. Gibt es ein Mittel, sie wenigstens zeitweise aus meinen Gedanken zu verbannen?**

*Antwort von Dr. Detlev Klugscheiss:*

Lieber Bernd M. aus G.

Selbstverständlich gibt es auch für dein Problem eine Lösung. Immer wenn du nicht an deine Frau denken willst, nimmst du eine leere Schnapsflasche zur Hand und schlägst sie dir solange auf den Kopf, bis du eine Beule produziert hast, die mindestens 12 Zentimeter hoch ist. Dadurch steigt ein bisschen Gehirn in die oberste Beulenetage, zu wenig allerdings, um einen Gedanken an deine Frau aufkommen zu lassen. Die restliche, darunterliegende Hirnmasse ist durch die Schnapsflaschenschläge derart beeindruckt, dass die Gefahr eines normalen Gedankens garantiert nicht mehr besteht.

# alsche **K**arte

*Christa G. (22) aus O. fragt:*

**Verehrter Doktor Klugscheiss!**

**Letztens aß ich in einem sündhaft teueren Restaurant und bemerkte, dass ich zu wenig Bargeld dabei hatte. Auf meine Frage, ob ich mit Karte bezahlen könne, erhielt ich einen positiven Bescheid. Nachdem ich jedoch die Pik Sieben und die Karo Dame zum Begleichen der Rechnung bereitlegte, bekam ich Hausverbot und flog ohne weitere Erklärung achtkantig hinaus. Was habe ich nur falsch gemacht?**

*Antwort von Dr. Detlev Klugscheiss:*

Liebe Christa G. aus O.

Weder Pik noch Karo werden in teueren Restaurants akzeptiert, denn eine alte Fresstempel-Regel lautet: "Mit Karo und Pik, gibts kein Aspik. Liegt aber Herz und Kreuz am Tisch, reicht´s für Suppe, Fleisch und Fisch."

# lebetraum

*Simone L. (14) aus B. fragt:*

**Sehr geehrter Herr Doktor!**

**Letzte Woche hat ein Junge in meinem Bett übernachtet. Als ich aufgewacht bin, war mein ganzer Bauch voll Klebstoff. Wie ist das möglich?**

*Antwort von Dr. Detlev Klugscheiss:*

Liebe Simone L. aus B.

Vermutlich ist dein Bettgenosse ein Hobby-Bastler und träumte vom Zusammenkleben eines Modellflugzeugs. Du musst wissen, wenn Jungen träumen, träumen sie oft sehr realistisch. Dabei kann es passieren, dass sich der geträumte Klebstoff so sehr in der realen Welt festsetzt, dass er gewissermaßen zur Wirklichkeit wird und am nächsten Morgen irgendwo in der Nähe des Träumers zu finden ist. Von diesem Phänomen stammt der bekannte Spruch: "Träume werden wahr".

# Schwules Hundeglück

*Brigitte K. (25) aus B. fragt:*

**Hochverehrter Herr Doktor!**

**Neulich war ich mit meinem Rexi (Rüde) bei Bekannten. Diese haben auch einen Hund namens Wolli. Rexi tollte mit Wolli eine Zeit lang herum und dann begann er Wolli zu besteigen. Erst freute ich mich über das schöne Hundeglück, was sich aber änderte, als mir meine Bekannten eröffneten, dass Wolli ebenfalls ein Rüde ist. Da bin ich furchtbar erschrocken - mein Hund, schwul?? Nun meine Frage: Gibt es wirklich schwule Hunde? Wie kann ich es meinem Rexi abgewöhnen? Soll ich ihn kastrieren lassen?**

*Antwort von Dr. Detlev Klugscheiss:*

Liebe Brigitte K. aus B.

Natürlich gibt es schwule Hunde, daher stammt auch der volkstümliche Ausdruck "du schwuler Hund". Eine Kastration ist nicht nötig, denn sie verhindert weder Trieb noch Standkräftigkeit. Für dieses abartige Verhalten ist das sogenannte Schwuchtl-Gen verantwortlich, das sich jedoch operativ nicht entfernen lässt. Eine Paarung männlicher Hunde wird verhindert, indem man vom Tierarzt einen Trichter mit entsprechender Länge und entsprechendem Durchmesser in die Harnröhre des Hundes einpflanzen lässt. Dieser Trichter gewährleistet einwandfreies Wasserlassen, schließt eine Paarung jedoch vollkommen und zuverlässig aus. Anti-schwul-Trichter gibt es in vielen modischen Farben und Materialien und sind eine exklusive Bereicherung - im Falle eines Falles nicht nur für den Hund.

# Gefiedertes Problem

*Christoph G. (31) aus E. fragt:*

**Hi, Doktor Klugscheiss!**

**Meine Freundin ist tot! Sie war ein Busenstar und arbeitete als Hüpfdohle, bzw. Tanzmeise in einem Vögelschuppen. Drei Wochen hab ich mir das angesehen, dann hat's mir den Vogel rausgehauen und ich hab sie erdrosselt. Ich will aber nicht in den Knast. Können Sie mir helfen?**

*Antwort von Dr. Detlev Klugscheiss:*

Lieber Christoph G. aus E.

Es wird unvermeidlich sein, dass du Federn lassen musst! Für solche Taten fliegst du unweigerlich in den Käfig, wusstest du das nicht? Solltest du in einigen Jahren wieder einmal ein solch gefiedertes Verhältnis haben, besorge dir ein Vogelhäuschen und züchte Amseln. Wenn es dir wieder einmal den Vogel raushaut, so hast du dann wenigstens jederzeit Ersatz. Falls du nach deiner Knastzeit immer noch kein Glück mit Vögeln hast, kauf dir ein Aquarium. Darin kannst du ungestört und gefahrlos rumkrebsen.

# Wiedersehen mit Ehefrau

*Willi F. (28) aus L. fragt:*

**Sehr geehrter Herr Doktor!**

**Seit drei Tagen ist die Fernbedienung meines Fernsehers kaputt. Es ist grausam. Ich habe aus Versehen meine Frau wieder mal angesehen, auweia, hab' ich mich erschreckt! Sie hat sich in den letzten Jahren doch sehr verändert, leider nicht zu ihrem Vorteil. Was soll ich nur tun? Ich kann diesen entsetzlichen Anblick kaum noch ertragen.**

*Antwort von Dr. Detlev Klugscheiss:*

Lieber Willi F. aus L.

Normalerweise haben Menschen, deren Fernbedienung defekt ist, kaum Zeit sich nach ihrem Partner umzusehen. Wie dir jeder fachkundige Fernsehmechaniker bestätigen wird, müssen Fernbedienungen liebevoll gepflegt und gehätschelt werden, ganz im Gegensatz zum Partner. Fernbedienungen danken liebevolle Zuneigung mit lebenslanger Funktionalität, Lebenspartner haben solche Pflege natürlich nicht nötig. Die funktionieren entweder prima ganz ohne Pflege, oder trotz liebevoller Pflege nicht.

# Kastanie verändert Sichtweise

*Mario Sch. (38) aus T. fragt:*

**Lieber Herr Doktor Klugscheiss!**

**Ich habe von einer Freundin ein Kastanienbäumchen in einem Blumentopf geschenkt bekommen. Sie hat gesagt, diese Pflanze sei etwas ganz besonderes. Das Ding steht auf meinem Fensterbrett und wächst wie blöd und wuchert mir die ganze Aussicht zu. Nun frage ich mich, was ist an einem Kastanienbäumchen so besonders? Die Dinger wachsen doch eh überall. Ist es vielleicht eine Esskastanie und falls ja, wie kann ich das feststellen?**

*Antwort von Dr. Detlev Klugscheiss:*

Lieber Mario Sch. aus T.

Ein Kastanienbaum an sich ist nichts so Besonderes, ein Kastanienbaum auf dem Fensterbrett jedoch bedeutet eine Ausnahme. Es gibt nicht so sehr viele Menschen, die unfähig sind, Pflanzen an einen anderen Platz zu stellen. Du bist offensichtlich einer davon, deshalb bist eigentlich du etwas Besonderes. Besonders bescheuert nämlich! Der Esskastanientest ist relativ einfach zu bewerkstelligen: Du öffnest eine Dose Makrelenfilets und hältst sie vor die Frucht des Baumes. Schnappt sie danach, handelt es sich um eine Esskastanie, tut sich nichts, besitzt du einen normalen gemeinen "Kastanius ordinärus absolutus unbrauchbarus".

# Feuchter Schlüpfer

*Simon D. (16) aus V. fragt:*

**Hallo Herr Doktor Klugscheiss!**

**Manchmal passiert es meiner Freundin, dass sie ohne erkennbaren Grund ihr Höschen nässt. Diese Feuchtigkeit zieht sich dann weiter bis zwischen ihre Beine und alles ist sabbrig und schlabbert so beim Gehen und macht schmatzende Geräusche. Wie ist sowas möglich?**

*Antwort von Dr. Detlev Klugscheiss:*

Lieber Simon D. aus V.

Sogenannte "Sabberschlüpfer" stammen aus Südzypern. Sie entstanden aus der Erkenntnis, dass bei heißer Witterung Körperflüssigkeit rasch verdunstet und dadurch die körpereigene weibliche Schmierwirkung beim Gehen stark nachlässt. Um schmerzhaftes aneinanderschaben der Oberschenkel zu verhindern, wird Flüssigkeit durch das Höschen in den Schritt gepumpt. Dieses Schlabbern entsteht, weil es in unseren Breitengraden wesentlich kühler ist und weniger Nässe verbraucht wird. Hier muss dringend der Feuchtigkeitsregler justiert werden.

# Dreschender Landwirt

*Josef B. (30) aus T. fragt:*

**Hallo Doktor Klugscheiss!**

**Ich bekomme keine Frau! Obwohl ich einen mächtigen Traktor zuhause habe. Auch mein Mähdrescher schindet keinen Eindruck. Angaben zu meiner Person: Ich bin 183 cm groß, sportlich, allen sexuellen Stellungen aufgeschlossen und habe Ähnlichkeit mit Brad Pitt.**

*Antwort von Dr. Detlev Klugscheiss:*

Lieber Josef B. aus T.

Aussehen ist für einen Landwirt völlig zweitrangig. Wichtig bei der ersten Begegnung mit einer Frau ist, dass dein Mähdrescher steht. Fahrende Mähdrescher erschrecken Damen so sehr, dass sie den hübschen Landwirt dahinter kaum noch wahrnehmen. Da hilft auch der mächtigste Traktor nichts. Der fahrende Mähdrescher ist der alleinige Grund deiner fraulosen Einsamkeit.

# Die Frage nach Sex

*Manuela L. (17) aus G. fragt:*

**Hochverehrter Herr Doktor!**

**Ich habe ein großes Problem. Alle Männer die ich treffe, wollen immer nur das eine von mir. Sobald ich einen Mann kennenlerne und wir uns ein bisschen unterhalten haben, werde ich immer gefragt, ob ich Kaffee kochen kann, Spaghetti al dente beherrsche usw. So ein Mist, ich will endlich mal Sex!**

*Antwort von Dr. Detlev Klugscheiss:*

Liebe Manuela L. aus G.

Nachdem Sex eigentlich von keiner Frau so richtig beherrscht wird, fragt kein einziger Mann mehr danach. Wichtig dagegen sind für Männer die grundsätzlichen Dinge des Lebens, wie z. B. die Nahrungsaufnahme. Bedenke nur, wie selten ist Sex angesagt, wie häufig dagegen gibt es Spaghetti oder Kaffee. Auf jeden Fall kannst du sicher sein, sobald ein Mann sich über deine Kochkünste informiert, liebt er dich aus seinem tiefsten Inneren. Nicht umsonst sagen zwei alte deutsche Sprichwörter: "Liebe geht durch den Magen" und "Voller Magen bumst nicht gern".

# Intelligenz dank roter Haare?

*Tanja N. (23) aus L. fragt:*

**Fererter Docktor Klugscheiss!**

**Meine Freundin is Blond und ich bin rothahrig, trozdem sagt sie zu mir imer ich bin bläde Gans und finde keinen Beruf. Aber ich bin nicht gans bläd! Warum lükt sie so gemain und wie sol ich bewaisen das wie ich schlau bin und klug. PS: Ich kene auch fiele Vremdworte und bei der neuen Rechdschreib Rehform plik ich auch foll durch.**

*Antwort von Dr. Detlev Klugscheiss:*

Liebe Tanja N. aus L.

Die Haarfarbe hat mit dem Intelligentsquotienten überhaupt nichts zu tun. Auch Rothaarige haben das Recht, dämlich zu sein, ebenso wie vereinzelte andershaarfarbige. Das gilt im übrigen auch für Männer. Die einzig Weisen der Welt haben weiße Haare, oder gar keine. Wenn du also deiner Freundin deine Klugheit beweisen willst, färbe deine Haare weiß oder entferne sie. Mit dieser Methode kannst du ganz nebenbei auch bei Männern gewaltigen Eindruck schinden. Männer lieben kluge, selbstbewusste Frauen, vor allem solche, die wie du einen so enormen Wortschatz haben. Beruflich kannst du deine Begabung als Schreibdame eines Arztes oder Anwalts nutzen. Auch als Liebesbriefschreiberin hättest du eine große Karriere vor dir.

71

# 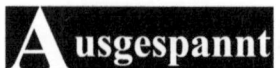usgespannt

*Sabrina E. (17) aus D. fragt:*

**Sehr geehrter Herr Doktor!**

**Ich bin Pferdepflegerin und sehe sehr gut aus. Trotzdem hat es meine beste Freundin geschafft, mir meinen Freund auszuspannen. Wie soll ich nun reagieren?**

*Antwort von Dr. Detlev Klugscheiss:*

Liebe Sabrina E. aus D.

Pferden ist es in der Regel vollkommen egal, von wem sie ausgespannt werden, Ihnen ist nur wichtig, dass es überhaupt jemand macht. Merke dir: Wenn andere dir was ausspannen, hast du Zeit, selbst auszuspannen. Nicht umsonst sagt ein altes russisches Sprichwort: "Lass andere nur tun, dann kannst du selber ruh´n."

# K nuddel- K ollege

*Gabi (38) und Rosl (42) aus N. fragen:*

**Sehr geehrter Herr Doktor Klugscheiss!**

**Wir haben bei uns einen netten Mitarbeiter, den wir den ganzen Tag knuddeln möchten, wenn wir dürften. Sollen wir es wagen, ihn einfach mal so richtig "durchzuknuddeln" oder wäre das ein Kündigungsgrund?**

*Antwort von Dr. Detlev Klugscheiss:*

Liebe Gabi und Rosl aus N.

Knuddeleien am Arbeitsplatz sind längst kein Kündigungsgrund mehr, im Gegenteil. Jeder fortschrittliche Chef weiß, geknuddelte Mitarbeiter sind perfekt im Job. Das ist auch ganz lo-gisch, denn wer knuddelt, arbeitet nicht, wer nicht arbeitet macht keine Fehler. Ein anderes Problem wird sich jedoch ergeben, sollte das Knuddelopfer nicht knuddelwillig sein. Knuddelbeulen sind nicht nur groß, blau und hässlich, sondern auch überaus gefährlich, denn sie werden von umherstreunenden Störchen vorzugsweise als Nestunterlage benutzt. Störche brüten mindestens wenn nicht länger. In diesem Zeitraum ist für den Knuddelbeulenträger jede andere Beschäftigung unmöglich. Deshalb besser vorher klarstellen, wer, wann, wo, oder überhaupt geknuddelt werden will, um solche Beulen zu vermeiden.

# Hautverlust durch Klebebrille

*Verena K. (19) aus S. fragt:*

**Hochverehrter Herr Doktor!**

**Vorgestern bin ich an der Brille festgeklebt. Mein Freund hat daraufhin laut um Hilfe gerufen, aber leider konnte mir niemand helfen. Erst der Notarzt konnte mich aus dieser misslichen Lage befreien. Leider ging mir bei dieser Aktion ziemlich viel Haut verloren. Woher kann ich nun Haut bekommen, bezahlt das die Krankenkasse und wie lange muss ich mit dieser Entstellung leben?**

*Antwort von Dr. Detlev Klugscheiss:*

Liebe Verena K. aus S.

Leider geht aus deiner Frage nicht hervor, um welche Art Brille es sich handelte, bzw. an welchen Stellen deines Körpers Hauttransplantationen notwendig sind. Im Falle einer Sehbrille werden Kosten von Gesichtskorrekturen an Nase oder Ohren normalerweise von den Kassen getragen.

Ist jedoch ein Brillenschaden an deinem verlängerten Rücken eingetreten, bekommst du keinen Kostenersatz, denn du hast gegenüber Normalhinterteilen einen erheblichen Vorteil. Erstens ist die Abbildung der Klobrille eine Art "branding", für das du normalerweise einen Haufen Geld bezahlen müsstest. Zweitens hast du mit diesem Outfit die Möglichkeit, unermesslich reich zu werden. Melde dich einfach bei verschiedenen Dartclubs und präsentiere dein bloßgelegtes Heck als bewegliche Zielscheibe. Bei einem Turnier mit guten Dartern verschwinden so eine Menge Dartpfeile in deinem Darmausgang, die du beim nächsten Turnier um den halben Preis weiterverkaufen kannst. Mit diesem Einkommen kannst du dir problemlos eine klebefreie Brille leisten. Eine gewisse Vorsicht würde ich dir jedoch anraten, wenn du nackt unter der Dusche stehst: Achte gut darauf, dass immer alle Fenster und Türen gut verschlossen sind, damit du nicht das Opfer eines brunftigen Pavianmännchens wirst.

# Tierischer Würstchenfetischist

*Sylvia L. (14) aus G. fragt:*

**Sehr geehrter Herr Dr. Klugscheiss!**

**Seit mein Kater meinen Vater nackt gesehen hat, frisst er nichts mehr außer Würstchen. Muss ich ihn jetzt wirklich einschläfern lassen, oder gibt es eine andere Möglichkeit?**

*Antwort von Dr. Detlev Klugscheiss:*

Liebe Sylvia L. aus G.

Was willst du mit einem schlafenden Kater? Das bringt deinem Vater auch keine neuen Kleidungsstücke. Nütze die Würstchenphobie des Tieres und serviere ihm seine Lieblingsspeise in einem Glas mit Schraubdeckel. Sobald der Kater seine Gier nicht mehr bezähmen kann, wird er versuchen das Glas zu öffnen. Gelingt ihm das, so hast du ein sensationell dressiertes Tier, das du für sündteures Geld an jeden Zirkus verscherbeln kannst. Mit dem Erlös kaufe deinem Vater Kleidung und eventuell ein eigenes Zimmer, damit er nicht weiterhin seine Umgebung mit seiner Blöße schockiert.

# Gleichheit für alle

*Martina L. (29) aus N. fragt:*

**Hallo Doktor Klugscheiss!**

**Ich habe einen Maschendrahtzaun zuhause und möchte auch endlich berühmt werden. Gleiches Recht für alle! Was soll ich tun?**

*Antwort von Dr. Detlev Klugscheiss:*

Liebe Martina L. aus N.

Für Maschendrahtzäune gilt der Gleichheitsgrundsatz nicht, wohl aber für Knallerbsensträucher. Wenn du dir also einen Knallerbsenstrauch aus den Ohren wachsen lässt, kannst du vom Landratsamt verlangen, eine eigene Stadt zu gründen, in der nur Menschen leben dürfen, die so aussehen wie du. Eine gewisse Berühmtheit kann ich dir mit dieser Vorgehensweise garantieren.

# Volksfestpanik

*Sebastian W. (34) aus B. fragt:*

**Sehr geehrter Herr Doktor!**

**Meine Frau liebt Volksfeste. Wenn sie mich wieder einmal auf eine Dult gezerrt hat, dann muss ich sämtliche Achterbahnen usw. mit ihr fahren. Fahre ich nicht alles mit ihr was sie sich einbildet, ist sie die folgende Woche dermaßen lästig, dass ich's einfach nicht mehr aushalte. Bei diesem Zeugs wird mir regelmäßig derart schlecht, dass ich mir meine Seele aus dem Leib kotze. Da wär's mir schon lieber, ich könnte im Bierzelt sitzen. Da wird mir zwar nach der 5. Maß auch immer schlecht, aber ich bin nicht mehr so nüchtern und renke mir nicht bei vollem Bewusstsein den Magen aus. Was soll ich denn nur tun?**

*Antwort von Dr. Detlev Klugscheiss:*

Lieber Sebastian W. aus B.

Magen ausrenken bei vollem Bewusstsein ist der eigentliche Sinn des Lebens. Das wussten schon die alten Ägypter. Sie ließen bewusst den Magen vom Mund heraushängen, um in ihrem Körperinneren auf langen Wüstenwanderungen Platz für Kamelfutter zu haben. Der heraushängende Magen wurde von der Sonne gegerbt und wandelte sich im Laufe mehrerer Tage in einen lederartigen Sack. In diesen Sack warfen sie später Nahrung aller Art und hatten den Vorteil, dass sie die Speisen nicht durch den Mund, also über die Geschmacksnerven umleiten mussten. Somit konnten sie alles essen,

egal wie es schmeckte. Endlich schmeckten sie nicht mehr den grässlichen Fraß, den es in Ägypten gibt. Der Beweis sind die überlieferten bildlichen Darstellungen dieses Volkes, auf denen niemals dicke Menschen zu sehen sind. Menschen mit umgedrehtem Magen können nämlich nicht dick werden, was vermutlich der Grund ist, dass dich deine Frau zum Achterbahnfahren nötigt. Sie verabscheut einerseits Wampen und ermöglicht dir andererseits, dass du dein Leben bewusst lebst und erlebst.

# Strafanzeige wegen fliegender

## Haare?

*Klaus M. (31) aus F. fragt:*

**Verehrter Herr Doktor Klugscheiss!**

**Während des Autofahrens ist mir oft langweilig und dann zupfe ich mir immer meine Nasenhaare raus und schmeiße sie beim Schiebedach raus. Letzte Woche nahm ich eine Anhalterin mit, die auch so langweilig war, so dass ich ganz unbewusst wieder zu zupfen begann. Plötzlich schrie sie mich an, ich sei ein Schwein, ein Verkehrsrowdy und sie zeigt mich an. Ich versteh das nicht. Muss ich mit Konsequenzen rechnen? Wie ist da die Gesetzeslage?**

*Antwort von Dr. Detlev Klugscheiss:*

Lieber Klaus M. aus F.

Du wirst verstehen, dass ich hier keine Rechtsberatung abgeben kann und will. Aus medizinischer Sicht ist gegen dein Verhalten nichts einzuwenden, es sei denn, du reißt dir versehentlich das sogenannte "Alpha-Haar" aus. Das ist der große, dicke, schwarze Borsten, die "Wurzel der Nasenhaarkolonie", die "Mutter der Zinkenbüschel".
Beim Entfernen dieses Haares ist ein extremer Tränenfluss unvermeidlich, was zu starker Beeinträchtigung im Straßenverkehr führt. Außerdem schwillt augenblicklich die Nase um ein Vielfaches ihrer normalen Größe an, was massive Sichtprobleme entstehen lässt. Ein weiteres Risiko: Trifft das Alpha-Haar, sobald es aus dem geöffneten Schiebedach geworfen wird, auf die Windschutzscheibe eines nachfolgenden Kraftfahrzeuges, ist ein Unfall nicht auszuschließen. Durch die Wucht des Aufpralls auf der Windschutzscheibe durchdringt das Haar wie ein Speer das Glas, spaltet es gewissermaßen. Daher stammt auch das Wort "Haarspaltereien". Mein guter Rat: Besser zuerst einen Parkplatz ansteuern und dort gefahrlos die Atemwege enthaaren. Außerdem kann hier mit den ausgerissenen Borsten sofort das Armaturenbrett entstaubt werden, da sich büschelweise ausgerissene Nasenhaare zwischen Daumen und Zeigefinger gehalten, vorzüglich als Staubpinsel eignen.

# Ich wollt' so gern statt Christian...

*Ottmar K. (24) aus B. fragt:*

**Verehrter Doktor Klugscheiss!**

**Ich bin 39 Jahre alt, Landwirt, Lebemann und Wahrsager und muss mir andauernd diesen langweiligen "Big Brother"-Blödsinn im Fernsehen ansehen. Das macht mich total krank, doch ich kann nichts gegen diesen Drang tun. Nun ist jedoch das allerschlimmste geschehen. Nachdem Christian, der "Nominator", den Container verlassen hat, hatte ich eine starke Vorahnung, also eine Vision, dass ich endlich selbst im Austausch dort hineinkomme. Was ist passiert? Nichts. Kein Anruf von Big Brother, keine Nachricht. Dabei bin ich ein echter "Typ", ein Kerl, der einzigartig ist unter der Sonne, ein Quotenbringer, ein richtiger Power-bauer. Ich halts nicht aus! Sind diese Fernsehfritzen blind? Oder einfach nur bescheuert? Wer wird sich diesen Big Brother-Quatsch noch ansehen, wenn ich nicht dabei bin? Und noch schlimmer: Sind meine hellseherischen Fähigkeiten durch das ewige Big Brother-Glotzen zum Teufel gegangen? Bitte sagen Sie mir schnell ob ich weiter hoffen kann, ob vielleicht meine Vorahnung nur ein wenig zu früh eingetreten ist. Vielleicht haben Sie ja auch hellseherische Eigenschaften. Bitte bitte, antworten Sie mir so schnell wie möglich!**

*Antwort von Dr. Detlev Klugscheiss:*

Lieber Ottmar K. aus B.

Leider besitze ich keinerlei hellseherische Fähigkeiten, doch dank meiner Ausbildung und meiner jahrelangen Praxis ist es mir möglich, dich gut zu beraten, oder auch zu heilen. Der tägliche Konsum der Sendung "Big Brother" zerstört viele Illusionen. Betroffen davon sind beinahe alle Bevölkerungsschichten. Dass besondere Menschen, wie du offenbar einer bist, stärker unter diesem Fernsehspektakel leiden, ist durchaus medizinisch und auch mathematisch zu erklären. Zunächst die mathematische Variante: sh (Schönheit) mal t (Zeit) = x 12 di (Desillusion). Der Wert Schönheit (sh) wird dabei in sogenannten Ästhetik-Graden (äº) angegeben (01 bis 997äº). Wobei der Wert 01äº von Karl Dall belegt ist, der Wert 997äº stellt Gerhard Schröder dar, welcher somit dem absoluten männlichen Schönheitsideal entspricht. Irgendwo dazwischen liegt auch deine Fresse, äh - Erscheinung.

Genaue Tabellen zu diesem Thema kannst du dir an jeder gutsortierten Tankstelle besorgen. Medizinisch gesehen ist dein Problem ebenfalls leicht zu verstehen: Dein pikonx kollabiert entsprechend des wukonitum genitalus konträr zum frabustinus vergissnix, was wiederum bedeutet, dass dein talgus drüsus überfunktioniert und rektal eingegriffen werden muss. Eines ist demnach absolut sicher: Deine Vision war ein Trugbild, ein Wunschtraum der nie in Erfüllung gehen wird. Willst du dennoch unbedingt ins Fernsehen kommen, grabe mit einer Schaufel ein 3 x 3 Meter großes Loch, direkt neben dem Big Brother Container. Dabei schreist du unentwegt "ich liebe dich, ich liebe dich". Ab 20 Meter Tiefe hast du unter Garantie die Aufmerksamkeit der Medien und du wirst nicht nur von Fernsehteams, sondern auch von allen Journalisten, Ärzten und Feuerwehren der ganzen Umgebung umschwärmt.

*Dosi (13) aus H. fragt:*

**Sehr geehrter Dr. Klugscheiss!**

**Als ich meinem Freund das erste mal in die Hose fasste, fühlte ich einen flaschenähnlichen Gegenstand. Nun meine Frage: Ist mein Freund Alkoholiker?**

*Antwort von Dr. Detlev Klugscheiss:*

Liebe Dosi aus H.

Alle Anzeichen sprechen dafür. Die bei Herren allgemein gebräuchliche Prüfung, ob jemand dem Alkohol verfallen ist oder nicht, beinhaltet den Griff in die Hose. Befindet sich ein flaschenähnlicher Gegenstand unterhalb der Gürtellinie, ist der Mann Alkoholiker. Ausnahmen bestehen bei Bananen- oder Gurkengroßhändlern. Damen verstecken die Ursache ihrer Alkoholkrankheit üblicherweise in zwei kleinen runden Behältern, etwa 10 bis 20 cm oberhalb des Bauchnabels. Hier kann man auch fühlen, ob weiche oder harte Getränkesorten bevorzugt werden und sogar die Menge der Tagesration ist oft schon auf den ersten Blick erkennbar.

# Weineimer für Heulsusen

*Rosi N. (31) aus T. fragt:*

**Sehr geehrter Herr Doktor Klugscheiss!**

**Ich bin ein sehr sensibler Mensch und muss deshalb öfter mal weinen. Neulich hat mich mein Freund deswegen fürchterlich beleidigt. Er meinte, ich solle in einen Eimer heulen und die Tränenbrühe an Gärtnereien als Blumen-Gießwasser verkaufen, da Pflanzen mit Salzwasser angeblich besser gedeihen. Muss ich mir sowas sagen lassen? Gibt es so etwas wie eine "Weintherapie"? Wenn nicht, wieviel bezahlen die Gärtner pro Liter Augenwasser?**
**In der Hoffnung, dass Sie auch für mich einen guten Rat übrig haben, verbleibe ich mit freundlichen Grüßen.**

**PS: Mir kommen schon wieder die Tränen...**

*Antwort von Dr. Detlev Klugscheiss:*

Liebe Rosi N. aus T.

Dein Freund hat recht. Du kannst als selbstproduzierende Gießwasser-Lieferantin einen Haufen Geld verdienen. Dazu kommt, du hast keinerlei Produktionskosten und der Job läuft quasi wie von selbst. Als Tränengeschmacks- und Rinnverstärker empfehle ich, mit dem Weinhauer dreimal täglich deine Schienbeine zu beackern. Das tut zwar verdammt weh, doch du erreichst eine spitzenmäßige Tränenqualität, die speziell zum Bewässern von Weintrauben hervorragend geeignet ist. Weiters beachte die Wahrheit in dem Lied: "Weine nicht wenn der Regen fällt, dam dam, dam dam..."! Der Komponist beschreibt hier die Problematik deines Berufsstandes. Tränen-Gießwasser darfst du keinesfalls mit Wasser verdünnen. Gepanschte Tränen können dir sogar die Wein-Lizenz kosten!

# Pickel behindert Entkleidung

*Christine N. (19) aus P. fragt:*

**Verehrter Herr Doktor!**

**Normalerweise ziehe ich nie einen BH an, doch neulich tat ich's mal, weil ich... aber das tut hier nix zur Sache. Das Problem ist, ich hatte das Ding 8 Stunden an und während dieser Zeit ist mir ein Pickel durch den Verschluss am Rücken gewachsen. Der Verschluss ist so ein bisschen offen in der Mitte, da ist der Pickel voll durch. Und jetzt ist der Pickelkopf größer als der Verschluss, aber noch nicht reif, verstehen Sie? Er ist noch nicht zum Aufquetschen. Was soll ich nur tun? Den BH kriege ich so nicht ab und er reibt rundherum weil ich dieses Mistding nicht gewohnt bin. Wie lange dauert es, bis so ein Buckelpickel "fertig" ist?**

*Antwort von Dr. Detlev Klugscheiss:*

Liebe Christine N. aus P.

Buckelpickel erheben sich in der Regel in 4 Stunden auf 80% ihrer fertigen Größe. Ausgewachsen sind sie nach exakt 37,4 Stunden und fallen dann in den 68stündigen sogenannten Pickelbrutschlaf. Diese Zeit benötigt der Buckelpickel um zu reifen und seinen Inhalt quetschfertig aufzubereiten. Nach weiteren 23 Stunden ist der Pickel dann steinhart und du benötigst einen Pickel für den Pickel, um dich von deinen Leiden (Pickel und BH) befreien zu können.

Übrigens: Ausgereifte Buckelpickel eignen sich vorzüglich um angefaulte Äpfel von Bäumen zu schießen. Es gibt in Südengland jährliche Herbstmeisterschaften, bei denen die treffsichersten Pickelquetscher des Jahres ermittelt werden. Wer die höchste Trefferquote erzielt, erhält einen goldenen Pickel als Pokal. Das wäre sicher auch für dich ein kleiner Trost für deine Leidenszeit.

# Leberkäs-Deutung

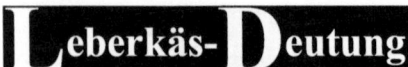

*Sandra L. (28) aus N. fragt:*

**Verehrter Doktor Klugscheiss!**

**Warum heißt der Leberkäse Leberkäse, obwohl weder Leber noch Käse darin vorkommt?**

*Antwort von Dr. Detlev Klugscheiss:*

Liebe Sandra L. aus N.

"Leber" wurden im Mittelalter die Füße genannt. Das Sprichwort "Ist dir eine Laus über die Leber gelaufen" beweist das, denn wie käme eine Laus in ein inneres Organ? Gemeint war mit diesem Spruch ein fauler Mensch, ein Müßiggänger, der stundenlang im Gras geschlafen hat, sodass eine Laus Zeit hatte, über dessen Füße zu spazieren. Der Fußkäse, also der Grind, der durch Nichtwaschen an Füßen entsteht, hat in etwa die Farbe des heutigen Leberkäses, daher stammt auch dessen Name. In manchen Metzgereien ist bis heute noch der Geschmack dem Namensgeber ähnlich.

# Italienischer Lebensstil

*Sergio L. (28) aus G. fragt:*

**Ciao dottore Klugscheiss!**

**Mein Freundin ist deutsch und hat imer eigene dicke Gopf und glaubt hat imer richtig. Aber das get gar nickt, weil sie ist doch Frau, oder? Was denkt sich diese puta di merda?**

*Antwort von Dr. Detlev Klugscheiss:*

Lieber Sergio L. aus G.

Binde deine Freundin mit geflochtenen Spaghettis am Herd fest. Das wird sie lieben und ihr sturer Schädel wird vor Zuneigung, Ergebenheit, Treue und Dankbarkeit erfüllt sein. Sie wird dir die Füße küssen, deinen Nacken massieren und dich liebevoll umschwirren, bevor sie dir den Spaghettirührlöffel über deinen italienischen Machoschädel drischt. Diese Behandlung wird dich positiv stimulieren und du wirst in Zukunft nur dann über sie schimpfen, wenn du sicher bist, dass sie dich nicht hören kann.

# www.irrwitz.de

*Katrin und S. aus E. fragen:*

**Sehr geehrter Herr K.!**

**WWW:PANIK! Ok. Der Fortschritt der Technik macht uns noch völlig fertig! Es ist uns nicht mehr möglich, "normal" miteinander zu reden! www.was sollen wir tun.de? Wir standen an der Bar und sagten: "www.zwei Bier, bitte.de", bekamen aber nicht das Gewünschte. Statt dessen kamen zwei Herren in grünen Uniformen auf uns zu, aber da wir www.nicht zu fremden Männern ins Auto steigen.de, kamen wir dieses mal noch davon. Gibt es irgendwas, das noch nicht im www. vertreten ist? www.es ist wie eine Sucht.de! Bitte hilf uns, bevor unsere Körper Computerform annehmen!**

*Antwort von Dr. Detlev Klugscheiss:*

Liebe Katrin und S. aus B.

www.diese Schreibe ist überhaupt nicht ansteckend.de, wer behauptet www.so einen Quatsch.de? Patentieren ist www. nicht nötig.de, kein Mensch wird euch diesen www.Unsinn nachmachen.de, www.garantiert nicht.de. Im Internet ist alles vertreten, auch www.grüne Männchen.de, bzw Uniformierte. Dort könnt ihr, im Gegensatz zum Auto, auch www.gefahrlos einsteigen.de, ihr müsst nur auf www. pritzelnde Viren achten.de. Falls euere Körper www. Computerform.de annehmen, könnt ihr euch www.stundenweise an Schulen vermieten.de und somit einen Haufen www.Geld verdienen.de. Erwähnte ich schon, dass diese Schreibweise www.überhaupt nicht ansteckend ist.de? Ok. Ansonsten, bitte bitte, ich www.hab euch gern geholfen.com.

# Gebildeter Raumpfleger

*Anke U. (22) aus E. fragt:*

**Lieber Herr Doktor Klugscheiss!**

**Seit kurzem hab ich einen neuen Lebensgefährten. Er ist Raumpfleger sanitärer Anlagen (was das genau ist weiß ich auch nicht, irgendein hohes Tier nehm ich an). Nun zu meinem Problem: Oft verstehe ich ihn nicht, weil er sich immer so komisch ausdrückt. Letztens beispielsweise hat er gefragt, ob ich das wäre, die hier so kontinuierlich transpiriert. Ich habe so getan als würde ich ihn verstehen und habe ganz wissend genickt. Oft sagt er zu mir, ich wäre unbedarft und hätte primär monetäre Bedeutung für ihn. Was heißt das eigentlich? Wenn er mir so schmeicheln will, weiß ich gar nicht wie ich reagieren soll. Ich hoffe nur, er merkt nicht, dass ich ihn nicht verstehe. Bitte helfen Sie mir schnell.**

*Antwort von Dr. Detlev Klugscheiss:*

Liebe Anke U. aus E.

Du hast das Problem ganz klar erkannt, denn du bist ein überaus kluges Mädchen. Dieser Typ ist ein Schwätzer und du bist in Wahrheit viel zu gebildet für ihn. Worte wie "kontinuierlich, transpiriert, primär oder monetär" gibt es, wie du schon ganz richtig vermutest, überhaupt nicht. Der Typ will dich offensichtlich nur provozieren, seine verbale Ejektion ist jedoch kurabel. Entschuldige meinen verbalen Höhenflug, ich meinte nur, du könntest seine Ausdrucksweise ändern. Schlag ihm einfach die Zähne ein.

# Fleischberg-Migräne

*Dieter L. (28) aus A. fragt:*

**Verehrter Dr. Klugscheiss!**

**Seit nunmehr 4 Jahren wohne ich mit meiner Freundin zusammen und alles war bisher gut, auch im Bett. Seit einigen Monaten wird sie plötzlich immer fetter, der Hintern beginnt quasi gleich unter den Schulterblättern. Das macht mir auch nichts aus, denn ich hab's im Sommer gerne schattig, nur jetzt bekomme ich Probleme mit der Potenz. Wenn sie Sex fordert und ich mir vorstelle, dass ich mich durch die Fleischmassen quälen muss und vielleicht gar nicht dort hinkomme, da wo es ihr guttut, dann klappt nichts mehr, da krieg ich keinen mehr hoch. Bitte helfen Sie mir mit einem guten Rat, ich will sie weder enttäuschen noch verlieren, weil sie ist wirklich eine ganz gute Köchin und alles, doch langsam glaubt sie mir nicht mehr dass ich dauernd Migräne hab.**

*Antwort von Dr. Detlev Klugscheiss:*

Lieber Dieter L. aus A.

Um Impotenz bei einer wenig attraktiven Partnerin zu vermeiden gibt es ganz einfache Tricks. Sobald sie anfängt, dich zu begrabschen, denke einfach an etwas Erfreuliches. Sobald du deine Leistung bringen sollst, stelle dir vor, wie du genüsslich in eine würzig-fette Currywurst beißt, das macht dich garantiert so richtig scharf. Wenn du schon öfter Sex hattest, weißt du ja wie es funktioniert und es stellt sich ein gewisser Automatismus ein. So kannst du nebenbei deine Freundin befriedigen, obwohl du total vergisst was du eigentlich tust. Wichtig ist dabei, dass du pausenlos Komplimente machst, z. B. solltest du immer laut stöhnen und sagen, "ja, ja, mmh bist du gut, mmh, jaa" usw. Das fällt dir bestimmt leicht, wenn du immer das Bild der guten warmen Currywurst vor Augen hast und sozusagen dein zweites Ich etwas angenehmes erlebt, während dein erstes Ich den Stressjob erledigt.

# Kleinbusige Sexgespielin

*Carl G. (32) aus V. fragt:*

**Lieber Doktor Klugscheiss!**

**Ich habe eine ganz liebe Freundin. Leider hat sie überhaupt keinen Busen. Nur die Brustwarzen sind ein wenig länger als meine. Jetzt weiß ich nicht, womit ich beim Sex rumspielen soll. Gibt es eine Lösung?**

*Antwort von Dr. Detlev Klugscheiss:*

Lieber Carl G. aus V.

Du kannst mit ganz natürlichen Mitteln die Brust deiner Freundin vergrößern. Binde einfach an jede Brustwarze einen Eimer mit 5 Kilo Fisch. Sobald der Fischgeruch nur mehr aus einer Richtung kommt, in diesem Fall unterhalb der Gürtellinie, ist die Brust lang genug und du kannst die Eimer und vor allem den Fisch wegwerfen.

# Schmidt-Show geschädigt

*Susanne T. (22) aus R. fragt:*

**Lieber Herr Doktor!**

**Ich habe eine seltsame masochistische Neigung. Immer muss ich mir im Fernsehen diese saumäßig frauenfeindliche "Harald Schmidt-Show" ansehen. Es ist wie eine Sucht. Danach ramme ich meinen Kopf an den Kleiderschrank bis ich Beulen bekomme und muss heulen und schreien wie verrückt, weil es so weh tut. Sogar meine Nachbarn beschweren sich schon, doch was kann ich dagegen tun??**

*Antwort von Dr. Detlev Klugscheiss:*

Liebe Susanne T. aus R.

Wenn du kurz vor der Show den Fernseher beim Fenster rauswirfst, hast du dein Problem elegant gelöst. Falls du kein Fenster hast und deshalb gezwungen bist, diesen Wahnsinn zu konsumieren, verkleide rechtzeitig den Raum in dem du dich befindest mit 1,20 Meter dicken Styropor-Platten. Diese dämmen Heulgeräusche hervorragend und deine Nachbarn bleiben von deinen abartigen Vorlieben ungestört.

# Pantoffeln zu Helden erklärt

*Sandra H. (27) aus T. fragt:*

**Allerverehrtester Herr Doktor Klugscheiss!**

**Mein Mann ist ein richtiger Schlaffi, ein Weichei, ein Pantoffelheld und Ja-Sager. Das nervt mich total. Der Kerl hat einfach keine eigene Meinung. Wenn ich ihn frage, ob ich ihm den Hintern, oder lieber den Rücken auspeitschen soll, sagt er immer, es wäre ihm egal, ich solle es mir aussuchen. Ja verflixt nochmal, wieso ist der Typ so lasch? Jetzt hab ich schon die Tischkette um einen Meter gekürzt, doch er sagt immer nur danke und leckt an meinen Stiefeln. Ich halte das nicht aus! Was kann ich nur tun, um wieder Freude an unserer Ehe zu haben? Ich möchte ja nur mal ab und zu eine kleine Reaktion von ihm erleben, ein bisschen seine eigene Meinung kennenlernen und ab und zu das Gefühl genießen, mit einem richtigen Mann verheiratet zu sein.**

*Antwort von Dr. Detlev Klugscheiss:*

Liebe Sandra H. aus T.

Liebende Männer sind alle so wie dein Gatte. Das ist der Beweis ihrer Zuneigung und Dankbarkeit und du solltest diese Liebe achten und lobpreisen. Bereits im Jahre 104 v. Chr. wurden solche Männer zu Helden erklärt. Als optische Auszeichnung erhielten diese Helden des Ehelebens ein Paar Pantoffeln, die sie zum Zeichen Ihrer Liebe tragen durften. Seit jener Zeit werden diese Männer als Pantoffelhelden verehrt und dürfen diese Trophäe stolz und gesenkten Hauptes öffentlich tragen. Stolz können auch die Frauen sein, solch einen außergewöhnlichen Kerl an ihrer Seite zu wissen. Ändern kannst und solltest du deinen Mann natürlich nicht, ändern kannst du nur dich selbst. Wenn also wieder einmal die Peitschenfrage ansteht, erkundige dich nicht nach der gewünschten Stelle, sondern bestimme einfach selbst. Somit ersparst du dir eine nervige ausweichende Antwort und du kannst auch für dich eine gewisse Art Selbstbewusstsein aufbauen. Merke: Stärke muss man erlernen, das gilt auch für Frauen. Und es ist beileibe nicht einfach, mit einem Helden zu leben.

# Nieren-Versuchung

*Anna S. (17) aus L. fragt:*

**Sehr geschätzter Herr Doktor Klugscheiss!**

**Mein Freund ist Hausmeister in einer Metzgerei und hat letzte Woche 14 Kilo Nieren geklaut. Irgendwie hat´s der Chef gemerkt und will meinen Freund jetzt feuern, dabei ist der Metzger doch selbst schuld, wenn er seine Nieren so offen rumliegen lässt. Wie kann ich meinem Freund, der wirklich nichts dafür kann, beistehen?**

*Antwort von Dr. Detlev Klugscheiss:*

Liebe Anna S. aus L.

Ich stimme völlig mit deiner Meinung überein, man lässt seine Nieren nicht offen rumliegen und schon gar nicht 14 Kilo und schon überhaupt nicht, wenn man Metzger ist. Erfahrenen Fleischern passieren solche Missgeschicke nicht, denn sie wissen genau was sie zu tun haben. In jedem stinknormalen Motorradshop gibt es einen Nierenschutz zu kaufen. Damit hat man als Metzger für ausreichende Sicherheit gesorgt und braucht sich weder von langfingerigen Hausmeistern, noch vor gierigen Straßenkötern und auch nicht von den Leuten der Organspendeorganisation in Acht nehmen. Ein altes hebräisches Sprichwort sagt schon, "schütze deine Nieren, dann kannst´ sie nicht verlieren."

# **W**endeblatt ohne **U**mkehr

*Günther B. (19) aus T. fragt:*

**Lieber Herr Doktor Klugscheiss!**

**Das Blatt hat sich gewendet. Es war ganz einfach, ging wie von selbst. So sehr ich mich jetzt aber bemühe, ich krieg's nicht mehr zurück! Was mache ich nur falsch???**

*Antwort von Dr. Detlev Klugscheiss:*

Lieber Günther B. aus T.

Ein altes Sprichwort sagt, "lass die Blätter fallen wohin sie möchten, iss vom Joghurt nie die schlechten." Wenn du diesen Ratschlag befolgst, bist du 100%ig auf der sicheren Seite, dann brauchst du auch kein Blatt mehr vor den Mund zu nehmen.

# **B**rümselfreund borschelbar**?**

*Hilde L. (42) aus S. fragt:*

**Sehr geehrter Dr. Klugscheiss!**

**Neulich habe ich von der Post eine Postkarte von einem Bekannten von meiner Freundin erhalten, auf der stand, "Ich möchte gern Dein Brümsel borscheln". Jetzt weiß ich auch nicht so recht, ich hab schon den Deutschlehrer meines Sohnes Emil gefragt und den Herrn Pfarrer, leider wissen die auch nicht was das bedeutet. Sie sind jetzt meine Hoffnung, meine letzte.**

*Antwort von Dr. Detlev Klugscheiss:*

Liebe Hilde L. aus S.!

Dein Brümsel ist mir leider auch vollkommen fremd und ob es noch borschelbar ist, ist die größte aller Fragen. Die Bedeutung des Wortes "Brümsel" ist sehr vielfältig, ebenso das Wort "borscheln". Vielleicht will der Schreiber dein Taschentuch (Brümsel) beschneuzen (borscheln), oder aber den Kirschbaum (Brümsel) vor deinem Haus umhacken (borscheln). Denkbar wäre auch, ein Loch in deinen Kopf (Brümsel) zu bohren (borscheln).

# Unverständlicher bayrischer Sprachschatz

*Nadja V. (19) aus A. fragt:*

**Verehrter Dr. Klugscheiss!**

**Ich stamme aus Niedersachsen und wohne seit vier Monaten in Bayern. Leider habe ich mit der bayrischen Mundart so meine Probleme. Was bedeutet: "di Schix hot a Gschtell wia a abbrochane Mistloata"? Was meinen diese bayrischen Frauen mit "schaug da de auftaklte Spinotwachtl o, wias hinta de Kuntn heaschwanzlt"? und wie soll ich mich verhalten, wenn die Leute zu meinem Freund sagen "dea hot a Brauareigschwür hänga, dass's da Sau graust"?**

*Antwort von Dr. Detlev Klugscheiss:*

Liebe Nadja V. aus A.

Verhalte dich am besten unauffällig. Viele Zugewanderte wurden schon vom aufgebrachten bayrischen Pöbel ermordet. Verständlicherweise verstehst du die Einheimischen nur schlecht, sie dich jedoch überhaupt nicht! Sinnvollerweise gibt man jedem, der in Bayern über einen spricht, fünf Mark (Euro erkennen diese Sturschädel nach wie vor nicht an). Dabei ist es egal, ob man ihn versteht oder nicht. Alle Bayern sind nämlich käuflich und für fünf Mark beleidigen sie dich dann auf hochdeutsch. Das beherrschen nämlich die meisten, obwohl sie es niemals zugeben würden.

# **V**ater tobt! **E**hefrau 64 **J**ahre jünger!

*Martina B. (17) aus D. fragt:*

**Verehrter Doktor Klugscheiss!**

**Ich habe einen Mann geheiratet, der 64 Jahre älter ist als ich. Nicht wegen der Kohle, obwohl er eine tolle Rente hat, sondern weil es so geil aussieht, wenn er sein Gebiss rausholt und so voll fett auf die Schnauze fällt, wenn ich seinen Stock wegtrete. Leider ist sein Vater total sauer wegen dem Altersunterschied und kann nicht akzeptieren, dass ich mit seinem Sohn wirklich gern und freiwillig eine so lustige Ehe führen mag und ihn wirklich liebe. Wie kann ich seinen Vater von meinem Glück und meinen ehrlichen Absichten überzeugen?**

*Antwort von Dr. Detlev Klugscheiss:*

Liebe Martina B. aus D.

Väter haben es sehr schwer, wenn die Söhne eines Tages heiraten und aus dem Haus gehen. Besonders in deinem Fall, da die Vater-Sohn-Bindung

offenbar sehr innig ist. Das wäre eine von zwei Möglichkeiten, denn der Altersunterschied ist völlig irrelevant. Wenn Männer 100 Jahre alten Whiskey saufen, oder ein 40 Jahre altes Auto fahren, wird solches Verhalten problemlos respektiert. Das solltest du deinem Schwiegervater klarmachen. Möglichkeit zwei, der Vater glaubt, dass du nicht gut für seinen Sohn sorgen kannst. In diesem Falle zeige deinem Schwiegervater doch einmal deine bemerkenswerten Fähigkeiten in Sachen Stock wegtreten. Sicherlich ist er von deinen Qualitäten überzeugt, wenn er sieht, wieviel Spaß sein Sprössling hat und macht sich um dessen Glück keine düsteren Gedanken mehr.

# Muffel-Flucht

*Marion B. (37) aus W. fragt:*

**Sehr geehrter Herr Doktor Klugscheiss!**

**Ich bin jetzt 21 Jahre verheiratet und wir waren noch nie auf einem Faschingsball. Ich möchte endlich mal dahin. Mein Mann kann und will nicht tanzen und ist ein sehr großer Faschingsmuffel. Alleine weg darf ich auch nicht, da ist er zu eifersüchtig. Was raten Sie mir?**

*Antwort von Dr. Detlev Klugscheiss:*

Liebe Marion B. aus W.

Es gibt da einen uralten keltischen Trick, mit dem Frauen alleine von zuhause wegkommen. Du lädst deine beste Freundin ein, sie soll deinem Mann schöne Augen machen, richtig handfest flirten. Was glaubst du, wie froh dein Mann ist, wenn du endlich verschwindest und zwar egal wohin? Wenn dein Mann dann allerdings zu weit geht, achte darauf, dass es dir nicht zu nahe geht!

# Haarloser Verkehr

*Manfred L. (15) aus T. fragt:*

**Sehr geehrter Herr Doktor Klugscheiss!**

**Ich möchte endlich mal mit einer Frau Geschlechtsverkehr haben, doch mir wachsen keine Schamhaare. Funktioniert es eventuell auch ohne?**

*Antwort von Dr. Detlev Klugscheiss:*

Lieber Manfred L. aus T.

Gerade ohne Schamhaare klappt es am besten, denn dann brauchst du dich nicht zu schämen, sollte die Erstbesteigung aus technischen oder körperlichen Gründen nicht funktionieren. Das musst du schamlos ausnutzen. Erst wenn die Haare gesprossen sind musst du dich für das, was du getan hast, schämen. Deshalb heißen diese Borsten ja "Schamhaar". Ein altes westsächsisches Sprichwort besagt dazu: "Um ein derartiges Erlebnis haben zu können, braucht der Mann nur drei Dinge: Ein schönes Mädchen, ein steifes Glied und ein Bett in dem `s nicht zieht."

# **S**uche nach **A**benteuer

*Niko G. (35) aus R. fragt:*

**Hochwohlgeborener, hochdotierter, hochlöblicher, hochangesehener, hochgeschätzter, lieber Herr Dr. Klugscheiss**

**Leider bin ich nichtlesend und unschreibend aber darum wende ich mich mit einer großen frage vertrauend an sie denn ein freund schreibt mir diese zeilen und nun zur frage wie kann es sein dass Micky-Maus so viele abenteuer erlebt also in jedem heft ein anderes abenteuer wenn er nur aus der haustür rausgeht schon kommt ein abenteuer auf ihn zu und er erlebt so viel wenn ich diese heftchen anschaue und wenn ich andere illustrierte anschaue alle erleben ein erlebnis und warum erlebe ich nie etwas wenn ich aus der haustür rausgehe lachen höchstens alle leute und warum bestieg Hoss Cartwright von der Ponderosa nie eine Frau ich hoffe sie haben eine antwort sie sind meine letzte hoffnung.**

*Antwort von Dr. Detlev Klugscheiss:*

Lieber Niko G. aus R.

Hoss bestieg Pferde. Wer Pferde besteigt hat Muskelkater genug, das solltest du wissen, das ist Allgemeinbildung. Mit allen anderen Abenteuern ist es nicht so einfach. Um diese zu erleben muss man besonderes Talent besitzen. Micky Mouse wird zumeist in jedem seiner Abenteuer verbeult und verprügelt, eine Nachahmung nur des Abenteuers willen ist deshalb nicht zu empfehlen. Nutze einfach den Lacheffekt, den du beim Verlassen deines Hauses erzeugst. Wer zuerst vor Gackern platzt ist Sieger und du musst sehen, dass du von keinem Körperteil getroffen wirst. Das ist Abenteuer pur!

# exgrunzer

*Margit L. (17) aus V. fragt:*

**Hallo Herr Doktor Klugscheiss!**

**Vor zwei Jahren hat mich ein Japaner zusammengeheiratet. Es ist wirklich eine wunderbare Sache, wir haben ein tolles Liebesleben und alles, aber wir haben bisher noch niemals miteinander gesprochen, da ich seinen Kauderwelsch nicht verstehe und er kein einziges Wort deutsch spricht. Unser Dolmetscher weigert sich, im Schlafzimmer dabeizusein, aber ich möchte endlich wissen, was mein Mann beim Geschlechtsverkehr immer dahingrunzt und murmelt.**

*Antwort von Dr. Detlev Klugscheiss:*

Liebe Margit L. aus V.

Grundsätzlich grunzen japanische Männer auch nichts anderes als deutsche. Aber ich kann dir gerne einige Übersetzungen aus meinen reichhaltigen Sprachkenntnissen vermitteln. "Ooooiink" heißt zum Beispiel "beweg´ dich mal, du faule Sau". "Aaaaaah" bedeutet, "ich fühle mich auf den Schlips getreten". Mit "Uuuu-aaah" meint der Japaner, "wie lange soll dieser unsinnige Stress noch dauern?" "Hrrr-gnnnn" wird übersetzt mit "verdammt, ich stecke fest". Ich hoffe, ich habe damit ein wenig Licht in dein Dunkel gebracht. Sollte dein Mann noch weitere unklare Laute von sich geben, musst du sie mir detailliert und orthografisch richtig beschreiben.

# Blumen als Schimpfname?

*Daniela C. (17) aus L. fragt:*

**Verehrter Dr. Klugscheiss!**

**Was bedeutet eigentlich der Ausdruck "Pissnelke"? Viele meiner männlichen Bekannten bezeichnen mich so und ich möchte endlich wissen, wie ich darauf reagieren soll. Bitte antworten Sie schnell, denn ich muss dringend wissen, ob das positiv oder negativ zu werten ist.**

*Antwort von Dr. Detlev Klugscheiss:*

Liebe Daniela C. aus L.

Pissnelke ist der Name einer Blumenart, die vornehmlich an Hausecken oder Stammbäumen gedeiht und somit von blasenschwachen Hunden als Urinwegweiser, bzw. Harninformationszentrum für streunende Kollegen und vornehmlich Kolleginnen benutzt wird.

Somit ist dieser Ausdruck sehr positiv zu werten, denn Wegweiser und Infozentren sind lebensnotwendige Einrichtungen. Ergo bist auch du für den Benutzer des Ausdrucks lebensnotwendig, was deinem Selbstwertgefühl durchaus zuträglich sein sollte.

# exmuffel

*Bianca K.(18) aus E. fragt:*

**Hallo Herr Doktor Klugscheiss!**

**Ich bin völlig verzweifelt! Mein Freund ist ein voll krasser Typ und will nur vier mal täglich Sex mit mir machen. Ich kann rödeln wie ich will, ich schaffe es einfach nicht, dass er mich mal ordentlich durchbügelt. Bitte sagen Sie mir was ich falsch mache und ob er vielleicht ein Looser ist, oder wie man einen Kerl ordentlich motivieren kann. Sieben mal täglich fressen ist für ihn nämlich auch kein Problem.**

*Antwort von Dr. Detlev Klugscheiss:*

Liebe Bianca K. aus E.

Du machst überhaupt nichts falsch, dein Freund ist einfach nur ein Drückeberger. Jeder normale und gesunde Mann will und kann mindestens achtzehn mal täglich Sex praktizieren, nicht jedoch mit derselben Frau. Deshalb solltest du dich mehrmals täglich verkleiden, oder nachts das Licht ausschalten und tun, als wärst du jemand anderes. Das motiviert ihn zu Höchstleistungen. Sicherheitshalber solltest du ihn möglichst schnell heiraten, damit er nicht auch noch fremdgeht, falls er von dir nicht genug bekommt.

# Existenzangst durch Edelwaffe

*Maximilian W. (31) aus T. fragt:*

**Sehr geehrter Dr. Klugscheiss!**

**Meine Freundin ist in einem alten Gewerbe tätig und dabei sehr erfolgreich. Sie hat eine richtige Silberbüchse, wirklich. Die Frau ist für mich eine Goldader! Seit einiger Zeit jedoch will sie mir von ihren Einnahmen nix mehr abgeben und ist störrisch. Wie soll ich es ihr nur erklären, dass ich sie wirklich liebe und ihre finanzielle Unterstützung brauche? Verprügelt hab ich sie schon dreimal, aber es hat nix genützt, im Gegenteil. Mit diesen scheiß blauen Augen bringt sie nur noch ein Drittel von dem heim was sie mit gesundem Aussehen hat.**

*Antwort von Dr. Detlev Klugscheiss:*

Lieber Maximilian W. aus T.

In grauer Vorzeit war die Frau die Sammlerin und der Mann der Jäger. Nachdem es in deinem Falle umgekehrt ist, solltest du dankbar sein, dass du überhaupt etwas von der "Beute" deiner Frau abbekommst und du dich nicht nur von Pilzen und Beeren ernähren musst. Vielleicht erzeugt diese Silberbüchse jedoch den sogenannten "Winnetou-Effekt". Das heißt, der Besitzer eines solchen Mordinstruments wird nach einiger Zeit völlig egozentrisch und verwandelt sich im Endstadium in Pierre Brice. Ob du diesen Schock überleben würdest, wage ich zu bezweifeln, deshalb rate ich dir, lasse die Augen deiner Freundin wie sie sind, besorge ihr eine neue Büchse und alles wird gut.

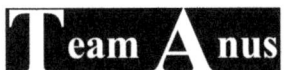

# Team Anus

*Gerhard Sch. (25) aus B. fragt:*

**Verehrter Herr Doktor Klugscheiss!**

**Heute musste ich leider feststellen, Eigentümer einer am Anus befindlichen Exkresszenz zu sein. Diese Peinlichkeit lässt meine cerebralen Funktionen erheblich leiden, da ich mich gedanklich nur noch mit dieser eklatanten Thematik befassen kann. Wie kann ich den Focus wieder auf die wirklich wichtigen Dinge des Lebens richten?**

*Antwort von Dr. Detlev Klugscheiss:*

Lieber Gerhard Sch. aus B.

Wenn du der Meinung bist, dein Hinterteil wäre für dein Leben nicht wichtig, dann erliegst du einem gewaltigen Irrtum. Worauf sitzt du den ganzen Tag? Wer hält das Gleichgewicht zwischen bodenständigem Denken und geistigen Höhenflügen? Woran geht eine dir völlig uninteressante Angelegenheit vorbei? Der Anus ist der Mittelpunkt deiner Welt! Du siehst, deine Aufmerksamkeit richtet sich bereits auf das Wesentliche. Freilich ist es lästig, wenn dir deine Ex-Freundin ständig am Arsch hängt, noch dazu wenn sie Kresszenz heißt. Dass du dir deswegen derart die Gehirnwindungen verbiegst, um eine so läppische Angelegenheit derart wichtig, bzw. amtlich zu beschreiben, wäre wirklich nicht nötig gewesen. Richte den Focus auf den Locus. Das befreit, erleichtert und entspannt und ist sicherlich eine nicht minder wichtige Sache in deinem Leben. Sobald du den Spülknopf gedrückt hast wirst du bemerken, es geht doch nichts über ein würzig duftendes Erfolgserlebnis zwei mal täglich und mit einigem Nachdenken wirst du feststellen: Du und dein Anus, ihr seid ein tolles Team!

#  **Weiblicher Antrag**

*Elke R. (64) aus E. fragt:*

**Lieber Doktor Klugscheiss!**

**Ich habe mich im Urlaub unsterblich in einen jungen Mann (58) verliebt. Darf ich als Frau ihm einen Heiratsantrag machen? Ist Sex vor der Ehe erlaubt? Haben Eunuchen noch Geschlechtsteile? Wenn ja, funktionieren die noch?**

*Antwort von Dr. Detlev Klugscheiss:*

Liebe Elke R. aus E.

Sie können Ihrem Angebeteten unbesorgt einen Heiratsantrag machen. Eunuchen haben immer noch Fragmente von Geschlechtsteilen. Falls diese noch funktionstüchtig sind - was allerdings nicht gewährleistet werden kann - ist auch voreheliche Sex kein Problem. Irgendwelche Teile haben diese Leute selbstverständlich immer, nur ohne Geschlecht gehts schlecht.

#  **Lange Nacht-Geschenk**

*Dr. Alexander S. aus E. fragt:*

**Lieber Doktor Klugscheiss,**

**meine Freundin sagt in letzter Zeit immer häufiger, dass sie mal eine ganz lange Nacht mit mir haben möchte. Wie soll ich das verstehen?**

*Antwort von Dr. Detlev Klugscheiss:*

Lieber Dr. Alexander S. aus E.

Verstehen setzt meistens eine gemeinsame Sprache voraus. Ihr Brief ist in deutscher Sprache verfasst, deshalb gehe ich davon aus, dass Sie zumindest DAS verstehen. Als Akademiker wissen Sie sicherlich auch, dass zweimal jährlich die Uhr umgestellt wird. Sommerzeit - Winterzeit, Sie wissen was ich meine. Beim ersten Mal, im Frühjahr, entsteht dadurch eine kurze, im Herbst eine lange Nacht. Schlagen Sie doch einfach diese Nacht in Geschenkpapier, binden Sie eine Schleife rundherum und schenken Sie sie Ihrer Freundin. Das bereitet Ihnen und ihr große Freude, denn was gibt es schöneres, als der Partnerin genau das zu schenken, was sie sich so sehnlichst wünscht.

# Beengte Nudelküche

*Tobias M. (22) aus V. fragt:*

**Hallo Doktor Detlev Klugscheiss!**

**Ich bin ein hervorragender Koch, deshalb kommen dauernd alle meine Bekannten, um sich bei mir die Wampe vollzuschlagen. Meine besondere Spezialität sind Spaghettis und dabei habe ich ein Problem. Um zu testen ob Spaghetti "al dente" sind - also "Biss haben", wird üblicherweise ein Exemplar an die Wand geworfen. Bleibt das Ding kleben ist alles klar, fällt das Teil runter, brauchen sie noch Zeit zu kochen. Da ich - wie erwähnt - ein ganz vorzüglicher Koch bin, kleben sie meistens auf Anhieb und gleich darauf gibts Essen. Die Testnudel klebt derweil so vor sich hin und wird meistens vergessen. Deshalb wird es allmählich in meiner Küche eng. Vor lauter klebenden Spaghettis kann ich mich fast nicht mehr umdrehen. Was soll ich nur tun?**

*Antwort von Dr. Detlev Klugscheiss:*

Lieber Tobias M. aus V.

In Italien werden für gut befundene Testspaghettis etwa alle sechs Monate mit einer Spaghettihacke von den Wänden geschlagen. Vielleicht hast du einen bekannten Italiener, der dir so ein Teil besorgen oder borgen kann. Ansonsten musst du selbst eine bauen, denn in Deutschland ist dieses Werkzeug nicht erhältlich. Du brauchst dazu ein Spaghettihackblatt, einen Spaghettihackblattstiel, sowie einen Spaghettihackblattstielbefestigungskeil. Diese drei Komponenten werden ganz einfach zusammengesteckt und schon ist deine Spaghettihacke fertig. Beachte beim Einsatz des Gerätes die Tageszeit. Am leichtesten bekommst du Spaghettis zwischen drei und vier Uhr morgens von der Wand. Während dieser Zeit sind die Spaghettikrallhaken, die die Teigware an der Wand halten, in einer Art Dämmerzustand, somit kann die Nudel ohne allzuviel Kraftaufwand entsorgt werden.

# Leiden durch BH-Verzicht

*Nadine N. (19) aus B. fragt:*

**Sehr geehrter Herr Doktor!**

**Trotz meiner Jugend habe ich schon eine sehr schlaffe Brust. Ständig schlagen meine Brustwarzen an die Beckenknochen, deshalb sind sie immer ein wenig wund. BH will ich keinen tragen, weil mir der Rückenverschluss immer sehr schmerzhaft im Genick einschneidet. Wissen Sie einen Rat?**

*Antwort von Dr. Detlev Klugscheiss:*

Liebe Nadine N. aus B.

Nachdem gegen die Erdanziehungskraft natürlicherweise niemand gewappnet ist, hat die Medizin geeignete Maßnahmen gefunden, diese zu überwinden. Sogenannte "Hüftknicker" lösen dein Problem schnell und schmerzlos. Du spannst ein Korsett, das 90 Grad nach vorne abgewinkelt ist, um deine Hüften und schnürst es fest. Dadurch ist dein Oberkörper beim Laufen etwa einen halben Meter nach vorne gebeugt und die Brüste können gemütlich frei schwingen, ohne irgendwo anzustoßen. Sollten dabei die Brustwarzen den Boden berühren, empfehle ich ganz normale Inlineskater über die Brust zu ziehen, um die Sache ins Rollen zu bringen.

# Schwester schmählich im Stich gelassen

*Melissa B. (21) aus P. fragt:*

**Verehrter Herr Doktor!**

**Neulich kam ich ins Zimmer meiner jüngeren Schwester. Da lag sie nackt mit ihrem Freund verkeilt auf dem Boden, hat laut und stoßweise geatmet und hat zwischendurch immer mal furchtbar geschrien und gejammert. Es war grausig! Ich bin vor Schreck gleich davongelaufen, doch jetzt plagt mich das schlechte Gewissen. Ich hätte ihr wohl helfen müssen?**

*Antwort von Dr. Detlev Klugscheiss:*

Liebe Melissa B. aus P.

Dein Gewissen drückt dich zurecht, schließlich hat deine Schwester einen "koitus extremus pflaumenmus" erlitten und befand sich offenbar in allerhöchster Lebensgefahr. Für Geschwister gehört es sich einfach, dass man sich gegenseitig zur Seite steht, egal was passiert. Wenn du also wieder einmal das Glück hast, jemanden in diesem Zustand anzutreffen, dann hole einen Eimer, fülle ihn mit zehn Liter kaltem Wasser und entleere ihn über der anfallgeplagten Person. Sie wird dir für deine Hilfe eine lange Zeit sehr dankbar sein und du hast deine Pflicht erfüllt.

# Elefantenallergie

*Bernhard U. (20) aus T. fragt:*

**Sehr geehrter Herr Dr. Klugscheiss!**

**Ich bin ein fanatischer Tierliebhaber und habe das Problem, dass mein Vater allergisch auf die Exkremente meines jungen indischen Elefanten reagiert. Dies äußert sich insbesondere dadurch, dass seine Ohren täglich um 50 % an Volumen zunehmen. Außerdem habe ich nun schon zweimal beobachtet, dass er versucht hat, den Apfelbaum vor unserem Haus mit seinem Rüssel umzudrücken. Bitte helfen Sie mir, ich weiß mir sonst keinen Rat mehr.**

*Antwort von Dr. Detlev Klugscheiss:*

Lieber Bernhard U. aus T.

Nicht die Elefantenexkremente sind schuld am Verhalten deines Vaters, sondern der Apfelbaum. Die typische Bewusstseinsstörung eines Apfelbaumallergikers endet in fortgeschrittenem Stadium in einer Rüsselkrise, der sogenannten "phallus brichzammus". Auch das Anschwellen der Ohren ist ein Zeichen dieser heimtückischen Krankheit. In der Regel wird der Allergiker seine Ohren solange anschwellen lassen, bis er den Auslöser

 seiner Verhaltensstörung, also den Apfelbaum, darin einwickeln kann. Das Ergebnis wird in diesem Fall ein lauwarmes Ohrenapfelkompott sein. Abgefüllt in handliche Gläser lässt sich solch schmackhaftes Speisenbeiwerk vortrefflich auf einem der unzähligen Bauernmärkte verschachern. Mit dem Erlös kaufst du deinem Vater eine Sofi-Brille und dem Elefanten einen neuen Apfelbaum. Merke: Elefanten ohne Apfelbaum, ragel magel mapfel haun (altes, sinnloses Mahout-Sprichwort).

# Weibliche Bindenkipper

*Gert K. (34) aus M. fragt (zu x-ten mal):*

**Lieber Doktor Klugscheiss!**

**Kann man sich unter Männern einen "hinter die Binde kippen", oder ist das ein Privileg der Frauen?**

*Antwort von Dr. Detlev Klugscheiss:*

Lieber Gert K. aus M.,

Frauen wollen immer wichtig und besonders sein. Dabei liegt die Betonung auf "wollen", denn der gravierende Unterschied besteht aus dem wundervollen Buchstaben "r". Was ist schon eine Binde im Gegensatz zu einem Binder? Lumpig und ordinär, nicht wahr? Hinter die Binde lässt sich alles Mögliche kippen. Ganze Lastzüge kippen Schotter, Schrott und Schüttgut hinter Binden. Hektoliter von Flüssigkeiten sind hinter Binden schon auf Nimmerwiedersehn verschwunden. Eine äußerst mysteriöse, zwielichtige Angelegenheit diese Binden, nicht wahr? Binder hingegen sind ein Ausdruck ästhetischer Männlichkeit, dahinter kippt höchstens die Stimme bei zu enger Schnürung. "Hinter die Binde kippen" ist somit wirklich ein rein weibliches Ausnahmerecht.

# Schminkpreis zu hoch

*Sabine N. (21) aus T. fragt:*

**Lieber Dr. Klugscheiss!**

**Ich habe eine sehr zärtliche Haut und deswegen schminke ich mich 4 bis 18 mal am Tag. Mein Freund meckert dann immer und sagt ich bin eitel und dass ich das Geld zum Fenster rausschmeiße, weil's eh nix nützt. Hat er vielleicht recht?**

*Antwort von Dr. Detlev Klugscheiss:*

Liebe Sabine N. aus T.

Dein Freund ist wahrscheinlich kein Großverdiener und blind dazu. Es ist völlig klar: wenn du potthässlich bist, musst du dich anmalen. Daran führt kein Weg vorbei! Um Zeit und Kosten zu sparen, hast du die Möglichkeit, dir ein schönes großflächiges Tattoo über dein Gesicht stechen zu lassen. Wenn das Tattoo wirklich schön ist, bist du es auch. Ist dir das zu umständlich, frisiere einfach die Haare nach vorne und lass dir einen Vollbart stehen.

# Fersengeld beinahe wertlos

*Heinz F. (25) aus S. fragt:*

**Sehr geehrter Herr Dr. Klugscheiss!**

**Als ich letzte Woche mit meinem Kumpel spazieren ging, begegneten wir zwei anderen Typen, denen wir seit langem noch einen Haufen Geld schulden. Die Typen stürmten sofort auf uns los, sobald sie uns sahen und mein Kumpel schrie, ich solle Fersengeld geben und rannte davon. Die Typen haben mich ziemlich schlimm verprügelt, dabei hätte ich ihnen alles Fersengeld gegeben was sie wollen, doch ich hab nicht gewusst was das ist und weiß es immer noch nicht. Bitte helfen Sie mir Herr Doktor, sagen Sie mir was Fersengeld ist und wo es das gibt, denn die Typen haben gesagt, wenn sie mich das nächste mal sehen und ich wieder nicht bezahlen kann, brechen sie mir meine letzten drei Zähne raus und ich kann Suppe überhaupt nicht ausstehen. Mein Kumpel ist übrigens auch nicht mehr aufgetaucht, sonst hätte ich ihn gefragt und nicht Sie belästigt.**

*Antwort von Dr. Detlev Klugscheiss:*

Lieber Heinz F. aus S.

Mit Fersengeld wird der Wert eines Körperteils beziffert, den man zum Beispiel bei einer Organ- oder Körperteilspende erhält. So spricht man auch vom Nierenzaster, von Gallenkohle, von Lungenpenunsen, von der Ohrenknete oder in Südbayern auch von Duttendiridari. Beim nächsten Treffen mit deinen Gläubigern hackst du dir einfach eine Ferse weg, oder auch zwei, und bezahlst damit deine Schulden. Der Wert einer Ferse beträgt etwas mehr als 7 Mark 98, aber weniger als 12 Mark, je nach Abnutzung. Für einen Haufen Geldschulden würde ich eher Nierenkohle empfehlen, die hat wesentlich mehr Wert und du kannst bei weiteren Problemen immer noch wegrennen, was sich nach dem Bezahlen von Fersengeld als schwierig erweisen könnte.

# Religions-Astronaut

*Hannes P. (41) aus E. fragt:*

**Sehr geehrter Herr Doktor!**

**Ich arbeite aushilfsweise als Religionslehrer in einer Hauptschule. In der 5. Klasse ist ein Junge der mich immer mit "Motherfucker" anspricht und dabei hämisch grinst. Aufgrund dieses Grinsens vermute ich eine Unverschämtheit, die dieses Wort zum Ausdruck bringen soll. Können Sie mir erläutern welche Bedeutung das Wort "Motherfucker" hat?**

*Antwort von Dr. Detlev Klugscheiss:*

Lieber Hannes P. aus E.

Das Wort "Motherfucker" kommt aus dem portugiesischen und bedeutet "Mondfahrer". In der kindlichen Religionsvorstellung sitzt Gott "irgendwo da oben". Sie als sein Vertreter gewissermaßen, haben für die kindliche Vorstellung offenbar einen ähnlichen Status, somit werden Sie in Richtung Gott auch nach "da oben" gestellt und deshalb als "Mondfahrer" - also Astronaut bezeichnet. Sie wissen ja, nicht jeder Astronaut ist Religionslehrer, aber so mancher Religionslehrer lebt hinter dem Mond.

# Viagra bedingt tauglich

*Helmut F. aus G. fragt:*

**Sehr verehrter Dr. Klugscheiss!**

**Ich wende mich heute an Sie, weil mir mit meinem Problem bisher kein Mensch helfen konnte. Meine Zimmerblumen lassen immer so schnell den "Kopf" hängen. Wäre es vielleicht ratsam, meinem Gießwasser etwaige Potenzmittel (vielleicht VIAGRA) beizumischen, um die Stengel wieder aufzurichten? Ich bin seelisch nicht mehr in der Lage, dem schnellen Blumensterben zuzusehen.**

*Antwort von Dr. Detlev Klugscheiss:*

Lieber Helmut F. aus G.

Viagra ist leider ein völlig untaugliches "Aufrichtmittel" für Pflanzen, da dieses Medikament zwar die Stiele erhärtet, jedoch nicht aufrichtet. Die

einzige Möglichkeit, Schnittblumen vom "Köpfehängenlassen" zu bewahren besteht darin, einen Haken in die Zimmerdecke über die Vase zu dübeln und mit Schnüren oder Bändern die schlaffen Blüten oben zu fixieren. Mit dieser Methode erspart man sich auch das lästige Wasser nachfüllen, denn befinden sich die Pflanzen erst einmal in ihrer "Sollposition", wirft sie so schnell nichts mehr um, es sei denn, die Decke stürzte ein. In diesem Falle empfehle ich einen Autokran, der die Blumen locker über einen längeren Zeitraum aufrecht halten kann.

# Grausamer Augenblick

*Robert F. (22) aus B. fragt:*

**Verehrter Herr Doktor!**

**Neulich abends habe ich mir ein Schnitzel paniert. Plötzlich ist mir ein heißes Panierstückchen ins Auge gespritzt und hat die Netzhaut mit dem Augenlid verklebt. Meine Freundin hat mir sogleich geholfen, wollte die Panade wegwischen und hatte plötzlich die ganze Pupille in der Hand. Da musste sie so sehr lachen, die blöde Kuh, und dabei hält sie sich immer die Hand vor den Mund, weil sie so hässliche Zähne hat, und dabei hat sie versehentlich meine Pupille verschluckt. Nun habe ich ständig Visionen, dass ich in ihrem Magen herumschauen kann und ich mich mitten in diesem ekligen Verdauungsbrei befinde. Bitte helfen Sie mir, ich kann das ganze Zeugs, das sie frisst nicht mehr mit ansehen!**

*Antwort von Dr. Detlev Klugscheiss:*

Lieber Robert F. aus B.

Das intimste Erlebnis einer Liebesbeziehung ist der Blick in den Verdauungstrakt der geliebten Partnerin. Dieses Glück dürfen leider nur wenige Menschen erleben, deshalb solltest du dankbar sein, dass du zu den Auserwählten gehörst. Mag deine Aussicht auch manchmal etwas gewöhnungsbedürftig sein, so gibt dir diese Nähe zu deiner Freundin doch ein ganz eklatantes Zusammengehörigkeitsgefühl. Welcher Mann kann schon von sich behaupten, dass er seine Freundin niemals aus den Augen lässt? Bitte sie bei Gelegenheit um eine ausgewogene und optisch ansprechende Ernährung und genieße den Reiz ihrer inneren Werte so lange es möglich ist. Sollte irgend-

wann ein innerer Erdrutsch in Form eines Durchfalles stattfinden, wirst du mit der Aussicht der Kläranlage vorlieb nehmen müssen. In diesem Falle kannst du wiederum dankbar sein, dass das Auge keine Nase hat.

# afersex

*Lukas H. (19) aus W. fragt:*

**Sehr geschätzter Herr Klugscheiss!**

**Leider bin ich sexuell noch sehr unerfahren und möchte Sie gerne anonym etwas fragen, weil ich nicht sehr gut englisch verstehe: Was bedeutet der Ausdruck "safersex"?**

*Antwort von Dr. Detlev Klugscheiss:*

Lieber Lukas H. aus W.

Safersex ist die Bezeichnung der sexuellen Abartigkeit, körperliche Liebe mit einem Geldschrank zu betreiben und dabei auch noch Lust zu empfinden.

# Tiefschlaf durch Hundehauch

*Jochen N. (27) aus L. fragt:*

**Verehrter Dr. Klugscheiss!**

**Elsbeth, meine Schäferhündin, die jede Nacht an meiner Seite im Bett schläft, leidet seit einigen Wochen unter extremem Mundgeruch. Sobald sie mir ins Gesicht atmet, falle ich in tiefe Bewusstlosigkeit und überhöre deswegen morgens den Wecker. Jetzt will mir mein Chef kündigen, wenn ich nochmals zu spät zur Arbeit erscheine. Ich kann mich jedoch deswegen nicht von meiner Elsbeth trennen, was mache ich nur?**

*Antwort von Dr. Detlev Klugscheiss:*

Lieber Jochen N. aus L.

Hast du schon einmal kontrolliert, welche Seite des Hundes dir ins Gesicht atmet? Vielleicht verwechselst du die Körperöffnungen und Elsbeth riecht gar nicht aus dem Mund. Abhilfe gegen Düftchen im Ehebett könnte außerdem eine Dunstabzugshaube schaffen. Dadurch hättest du einen weiteren Vorteil, denn wegen des Lärms wirst du kaum schlafen und somit auch nicht verschlafen.

# aarwuchsmittel

*Bastian M. (35) aus R. fragt:*

**Sehr geehrter Doktor Klugscheiss!**

**Meine Haare sind eine einzige Katastrophe, sie wachsen einfach nicht. Im Gegenteil, es bilden sich schon lichte Stellen auf meiner Birne, es sieht zum Kotzen aus! Gibt es ein Mittel, eine lange wallende Haarpracht zu bekommen?**

*Antwort von Dr. Detlev Klugscheiss:*

Lieber Bastian M. aus R.

Eine lange, wallende Haarpracht kannst du dir beispielsweise anheiraten, was dir persönlich jedoch nichts nutzt, da du ja auch mal alleine weggehen willst. Für dein Problem sind Schweizer Friseure ausgesprochene Spezialisten. Sie schneiden wirklich lange an den Haaren herum, was zu dem Schluss führt, dass jemand, der die Haare lang schneidet, niemals eine Kurzhaarfrisur zustande bringt. Sollte sich "lang" jedoch auf den Zeitfaktor beziehen, so kennst du nach diesem Friseurbesuch immerhin die ausführlichen Schweizer Klatschgeschichten. Mit diesen Storys hältst du einige Seminare ab und kaufst dir vom Eintrittsgeld ein waschmaschinenfestes Toupet. Das hat den Vorteil, du kannst deine Haare waschen, ohne dass du persönlich anwesend sein musst.

# 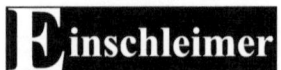inschleimer

*Anna N. (15) aus T. fragt:*

**Lieber Herr Doktor!**

**Letzte Woche hat zum ersten Mal mein Freund bei mir in meinem Bett übernachtet. Es war wundervoll kuschelig und wir waren auch nackt, aber wir haben überhaupt nichts gemacht. Am nächsten Morgen fand ich dann eine 12 cm lange und 2 cm breite Schleimspur auf meinem Bettlaken. Hat mir mein Freund Schnecken eingeschleppt? Wenn ja, können diese Tiere Krankheiten übertragen und wenn ja, welche?**

*Antwort von Dr. Detlev Klugscheiss:*

Lieber Anna N. aus T.

In deinem Bett befindet sich offensichtlich eine 12 cm lange und 2 cm breite Vertiefung, in der sich der Schweiß angesammelt hat, der durch den Hitzestau des Zusammenkuschelns entstanden ist. Bitte kontrolliere das. Falls sich keine Vertiefung in deinem Bett befindet, handelt es sich um die Spuren der berüchtigten Nachtschnecke, die immer nur nachts ihre Spuren hinterlässt. Sie ist zwar leicht mit der Nacktschnecke zu verwechseln, aber diese Spezies schleimt nur wenn sie entkleidet ist, wie schon der Name vermuten lässt. Krankheiten übertragen beide Arten nicht, fördern jedoch die unangenehme Spielart der Schlüpfomanie, das ist das unkontrollierte Bettrutschen während der Tiefschlafphase. Vermeiden kannst du Schlüpfomanie, indem du im Stehen schläfst. Diese Methode verhindert außerdem Pfützenbildung im Federbett.

# Orientierungshilfe

*Herbert H. (31) aus T. fragt:*

**Sehr geehrter Herr Doktor Klugscheiss!**

**Ein Bekannter sagte neulich, ich wäre zu blöd um aus dem Bus zu schauen. Jetzt hab ich´s jedoch getan! Ich schaute aus dem Bus, sogar mehrmals. Leider war die Scheibe so dreckig, dass ich nichts gesehen habe. Ist das immer so? Wieso soll man dann aus dem Busfenster schauen? Wieso hat ein Bus überhaupt Fenster?**

*Antwort von Dr. Detlev Klugscheiss:*

Lieber Herbert H. aus T.

Der Blick aus einem Fenster ist sehr wichtig, um zu wissen, wo man sich befindet. Es gibt folgende Grundregeln zur Orientierung: Sieht man nichts, sitzt man in einem Bus. Sieht man gar nichts, sitzt man in einem Zug. Sieht man überhaupt nichts, sitzt man in der U-Bahn. Sieht man Regen, befindet man sich in Deutschland. Sieht man vertikale Längsstreifen befindet man sich im Knast. Sieht man Sterne, hat man eine auf die Nase bekommen. Du erkennst daran die Wichtigkeit von Fenstern, weshalb auch ein Bus mit diesen Utensilien ausgestattet sein muss.

# Gefährdete Honigkuchenpferde

*Ludwig B. (29) aus K. fragt:*

**Sehr geehrter Dr. Klugscheiss!**

**Meine Freundin hat zu mir gesagt, ich sei ihr Honigkuchenpferd. So einen Unsinn hab ich ja noch nie gehört. Was sind das für Tiere? Soll ich beleidigt sein, oder ist dieser Name eine Ehre?**

*Antwort von Dr. Detlev Klugscheiss:*

Lieber Ludwig B. aus K.

Im Geschicklichkeitstraining für Pferde werden 16 Honigkuchentöpfe mit einem Abstand von 3,39 Meter in gerader Linie aufgestellt. Das Pferd muss nun, nur mit einem Halfter bekleidet, mit mehr als 24 km/h durch diesen an sich sehr einfachen Parcours slalomlaufen. Steigt es dabei in einen dieser Honigkuchentöpfe, wird es weder zur Dressur, noch zur Zucht zugelassen, da es offensichtlich zu blöd ist, um geradeaus zu laufen. Das sind dann jene Tiere, die man auf diversen Wochenmärkten handlich als Wurst verarbeitet zu kaufen bekommt. Du siehst also, die Bezeichnung "Honigkuchenpferd" ist überaus negativ zu bewerten. Es besteht sogar die Möglichkeit, dass deine Freundin plant, dich um die Ecke zu bringen, oder bringen zu lassen. Höchste Wachsamkeit ist angebracht!

# 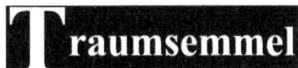raumsemmel

*Jonny P. (31) aus B. fragt:*

**Hallo Dr. Klugscheiss!**

**Letzte Woche wurde ich im Traum von Semmeln (Brötchen) verfolgt. Was hat das zu bedeuten?**

*Antwort von Dr. Detlev Klugscheiss:*

Lieber Jonny P. aus B.

Verfolgende Semmeln zeugen von einer bevorstehenden Schwangerschaft in deiner unmittelbaren Umgebung, denn sie stehen für die "Mitte der Frau", dem Nabel der Schöpfung. Mohnsemmeln würden bedeuten, der Vater des Kindes ist ein unrasierter Kerl, Mohnstangen zeigten von einer enormen Potenz des Erzeugers, Sesamsemmeln eine vegetarische Lebensweise des Kindsvaters an. Brot hingegen würde auf den Papst hindeuten, was jedoch eher unwahrscheinlich wäre.

# Als Anhalter vernascht

*Fritz S. (31) aus T. fragt:*

**Lieber Dr. Klugscheiss!**

**Neulich war ich als Anhalter unterwegs. Eine junge Frau nahm mich in ihrem Wagen mit. Nach wenigen Kilometern hielt sie an und nötigte mich zum Sex. Seitdem fühle ich mich benutzt und träume ständig von gelben Elefanten. Was bedeutet das?**

*Antwort von Dr. Detlev Klugscheiss:*

Lieber Fritz S. aus T.

Dieser Vorfall hat dich zweifellos sehr bedrückt, der massige Körper deines Traumelefanten deutet darauf hin. Gelb ist die Farbe der Sonne, der Freude. Somit hoffst du insgeheim, dass sich dieses Erlebnis wiederholen möge, du Ferkel! Wende dich an das Amt für vergewaltigte Männer, dort findest du geeignete potthässliche Therapeutinnen.

# Meuchelgefahr durch Bürstencrash

*Frau Monika W. (41) aus G. fragt:*

**Sehr geehrter Herr Doktor!**

**Meine elektrische Zahnbürste ist kaputt! Was soll ich tun? Soll ich den Bürstenkopf am Rührgerät befestigen oder ein 2-Phasen Tab langsam im Mund zergehen lassen?? Bitte antworten Sie schnell, ich bin schon völlig vermeuchelt!**

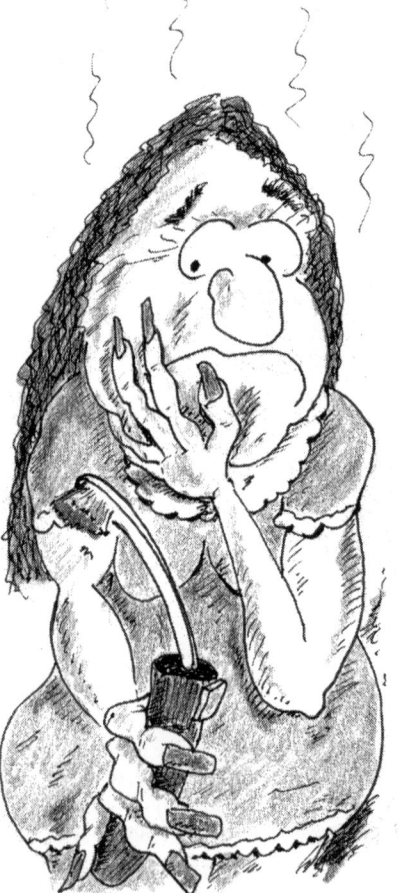

*Antwort von Dr. Detlev Klugscheiss:*

Liebe Monika W. aus G.

Mundgeruch macht einsam, wie eine alte Bauernregel weiß. Meuchelsaft im Rachenraum erzeugt herbe Düfte, was speziell deine Umgebung grausam zu spüren bekommt. Abhilfe bei defekten Zahnbürsten schafft die traditionelle Klobürste, die man in eine elektrische Handbohrmaschine einspannt und somit ein robustes und beinahe unverwüstliches Reinigungsgerät besitzt. Vorsicht ist jedoch bei der Handhabung geboten. Wenn sich die Bürstenborsten mit mehr als 1000 Umdrehungen pro Minute in Deinem Rachenraum drehen, könnte es passieren, dass sich die Zunge um den Bürstenstiel wickelt, die teure Bohrmaschine automatisch in deinen Schlund gezogen wird und auf Nimmerwiedersehn verschwindet.

116

# Nuckeln statt blasen?

*Kerstin N. (19) aus A. fragt:*

**Sehr geehrter Herr Doktor Klugscheiss!**

**Mein neuer Freund hat mir letzte Woche gezeigt wie man blasen tut. Jetzt möchte ich aber mal wissen warum er mich erst eine halbe Stunde blasen lässt und dann aber sagt dass ich doch lieber nuckeln soll?**

*Antwort von Dr. Detlev Klugscheiss:*

Liebe Kerstin N. aus A.

Der menschliche Rachenraum ist sehr temperaturempfindlich, dasselbe gilt für die sich darin befindlichen Organe, wie zum Beispiel die Zunge. Um Heißes rasch abzukühlen, wird seit Jahrhunderten die selbe Methode angewandt, nämlich geblasen. Deinen Ausführungen nach zu schließen, handelt es sich in deinem Fall wohl um eine Flüssigkeit, möglicherweise eine Kraftbrühe, die sich in einer Schnabeltasse befindet, da aus anderen Gefäßen üblicherweise nicht genuckelt wird. Auch die Dauer des Blasens lässt darauf schließen, denn durch die kleine Öffnung der Schnabeltasse gelangt natürlich nur wenig kalte Luft in das Innere des Gefäßes, was ein längeres Blasen notwendig macht, bevor die Flüssigkeit genuckelt werden kann. Deshalb ist der etwas längere Zeitraum von einer halben Stunde durchaus angemessen und normal, dein Freund hat dich demnach völlig korrekt in das Geheimnis des richtigen Blasens eingewiesen.

 **utzlos**

*Hubert R. (32) aus K. fragt:*

**Lieber Doktor Klugscheiss!**

**Ich bin ein kleingewachsener Bauernbub aus Südbayern. In letzter Zeit fühle ich mich so unnütz. Was kann ich nur dagegen tun?**

*Antwort von Dr. Detlev Klugscheiss:*

Lieber Hubert R. aus K.

Da du Hubert heißt und ein kleingewachsener südbayrischer Bauernbub bist, bist du auch unnütz. Hätten dich deine Eltern "Hubertus" getauft, könntest du dich wenigstens als Jagdaufseher im Forstamt nützlich machen, so jedoch entspricht dein Gefühl den tatsächlichen Umständen.

 **itzeln ist** **iegennatur**

*Anton U. (24) aus M. fragt:*

**Sehr geehrter Doktor Klugscheiss!**

**Woher stammt eigentlich der Ausdruck "kitzlig"?**

*Antwort von Dr. Detlev Klugscheiss:*

Lieber Anton U. aus M.

Der Name "kitzlig" hat seinen Ursprung aus der mittelalterlichen Landwirtschaft. Wenn eine Ziege ein Junges gebar, war das Muttertier danach "leer". Also vom "Kitz leer". Ziegen stimmen bei der Entbindung ein schauriges Gemecker an, das an schallendes menschliches Gelächter erinnert. So wurde im Laufe der Zeit das Geräusch gebärender Ziegen, also "kitzeln", mit dem Berühren gelächterauslösender Körperstellen, bzw. dem nachfolgenden unkontrollierten Lachen, mit einer solchen Ziegengeburt verglichen und benannt.

# ustverlust

*Walter L. (18) aus T. fragt:*

**Lieber Herr Doktor Klugscheiss!**

**Neulich wollte ich mit meiner Freundin einen lustvollen Abend verleben, aber sie wäscht sich einfach nicht. Was soll ich tun?**

*Antwort von Dr. Detlev Klugscheiss:*

Lieber Walter L. aus T.

Jeder weiß, wie sehr die Umwelt durch Abwässer belastet wird. Deshalb sollte eine sparsame und umweltbewusste Frau aufgrund ihrer hehren Gesinnung keinesfalls abgelehnt werden. Personen, die sich spärlich waschen sind in der Regel extrem lustbetont, denn das sichert ihr Überleben. Damit ihre Poren nicht verstopfen, reiben sie sich lustvoll mehrmals täglich an borkigen Gegenständen oder Personen. Schabende Körperbewegungen

befreien Wassersparer vom schlimmsten Grind und die Haut kann wieder atmen. Unwaschende atmen grundsätzlich durch die Haut, denn die Haut atmet nur, sie riecht nicht, auch nicht sich selbst, denn das würden diese Menschen auf Dauer nicht überleben. Geruchsbelästigungen jeglicher Art beugt man als Außenstehender vor, indem man eine Stunde bevor der lustvolle Abend beginnen soll, in einen Topf voll kochendem Wasser sechs paar alte, ungewaschene Socken wirft, diese zehn Minuten gart und die restlichen fünfzig Minuten auf kleiner Flamme köcheln lässt. Mit dieser Methode erzielt man zwei Vorteile:

1.: Der ganze Raum wird vom Wasserdampf gut durchfeuchtet, womit eine angenehme Körperabschabung ohne Blessuren gewährleistet ist.

2.: Der Sockenqualm legt sich zuerst als Geruchshammer, nach kurzer Zeit jedoch als Geruchshemmer an den Nasenhaaren fest und überduftet jedes noch so strenge Aroma der ungewaschenen Partnerin.

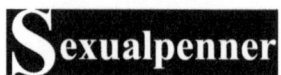

# Sexualpenner

*Renate K. (29) aus M. fragt:*

**Lieber Herr Doktor Klugscheiss!**

**Ich bin völlig verzweifelt! Mein Mann schläft beim Sex ständig auf mir ein. Das ist nicht nur sehr bedrückend, immerhin wiegt er 104 Kilogramm, sondern auch absolut frustrierend, da ich nie zu einem erregenden Erlebnis komme. Bitte helfen Sie mir schnell! Gibt es eine Möglichkeit, meinen Mann wenigstens einige Minuten wach zu halten? Oder liegt sein Schlafproblem vielleicht gar an mir?**

*Antwort von Dr. Detlev Klugscheiss:*

Liebe Renate K. aus M.

Du bzw. dein Verhalten ist keinesfalls der Grund für das sofortige Entschlummern deines Gatten. Bei einem Mann befindet sich das Wachzentrum, also jenes Organ, das auch als Muntermacher bekannt ist, normalerweise hinter der Wirbelsäule des 3. Lendenwirbels und ist im Körper frei beweglich. Liegt ein Mann auf dem Bauch, dabei spielt es keine Rolle, ob es

sein eigener ist, sinkt das Wachzentrum durch das Eigengewicht langsam nach unten, also Richtung Bauchnabel. Bei einem Mann mit 104 Kilo Kampfgewicht kommt es häufig vor, dass das Wachzentrum durch eine unbedachte Bewegung gequetscht wird und blitzartig seine Arbeit einstellt. Das Ergebnis ist ein plötzliches und sofortiges Entschlummern. Du siehst, deine langweilige Sexpraxis hat keinerlei Auswirkung auf die männliche Wachphase. Abhilfe könnte ein Stellungswechsel schaffen. Entsprechende Fachlektüre gibt es in jeder guten Bücherei oder Apotheke, oder bei verschiedenen privaten Fernsehsendern ab etwa 23 Uhr.

# Vermessener Brötchenbäcker

*Christian B. (24) aus B. fragt:*

**Sehr geehrter Herr Klugscheiss!**

**Ich backe sehr gerne meine eigenen Brötchen. Dabei ist mir beim letzten Mal ein kleines Malheur passiert. Im Eifer des Gefechts habe ich mich beim Backpapierabmessen gründlichst vertan. Muss ich jetzt auf's Vermessungsamt?**

*Antwort von Dr. Detlev Klugscheiss:*

Lieber Christian B. aus B.

Gebackenes Papier ist eine teuere bayrische Spezialität, eine falsche Mengenberechnung hat daher natürlich fatale Konsequenzen. Ich wundere mich nur, wieso du zu diesem Leckerbissen noch Brötchen dazugibst. Das Vermessungsamt musst du bei jeder Vermessung konsultieren, dazu ist es schließlich da. Erkläre den Beamten, dass dein Messer defekt ist, dann wirst du nur eine Vermesstenanzeige erhalten und relativ glimpflich davonkommen. Schlimmstenfalls schicken sie dich zu einem Messias, der dir wochenlang den Unterschied zwischen Mess-, Miss-, Muss- und Maßangaben erklärt. Nach einer solchen Behandlung nimmst du nächstes Mal garantiert Pack- statt Backpapier und schickst dich selber in die Wüste.

# Hilfe! Mir wachsen Killerzehen!

*Robert N. (29) aus A. fragt:*

**Sehr geehrter Herr Doktor!**

**Seit einigen Monaten wachsen meine Zehennägel in Richtung Fußsohlen. Sie ringeln sich quasi ein, außerdem sind sie neuerdings scharf wie ein Messer. Wie kann ich es anstellen, dass ich mir beim Zehennägelbeißen nicht dauernd die Lippen verletze und das Zahnfleisch aufreiße?**

*Antwort von Dr. Detlev Klugscheiss:*

Lieber Robert N. aus A.

Abhilfe schafft hier ein irischer, rundbeißender Nagelkauhund, der sich ausschließlich von menschlichem Horn ernährt und auf rundwachsende Problemfälle geradezu süchtig ist. Auch die Schärfe der Nägel ist für ihn eine große Freude, spart er sich doch eine Menge mexikanischer Grillteufelssauce, die er ansonsten literweise zusetzt, um dem laschen Horngeschmack eine gewisse Würze zu verleihen. du siehst, dein Körper produziert die ideale Lebensbedingung für das arme, vom Aussterben bedrohte Tier. Sei ihm ein guter und liebevoller Ernährer.

*Andreas V. (19) aus A. fragt:*

**Lieber Herr Doktor!**

**Ich bin Mathematiklehrer. Immer wenn ich den Schülern die Berechnung eines gleichschenkligen Dreiecks erklären muss, habe ich eine Erektion. Was kann ich dagegen tun?**

*Antwort von Dr. Detlev Klugscheiss:*

Lieber Andreas V. aus A.

Du könntest Abhilfe schaffen, indem du nur noch Kreisberechnungen lehrst. Da geht es dermaßen rund, dass du auf keinerlei zweideutige Gedanken kommst. Achte nur darauf, dass bei der Zahl 6 keine Gefühle aufkommen, sonst musst du das Lehrfach wechseln. Sport oder Religion würde sich in diesem Falle anbieten. Andererseits bin ich sehr dankbar über deine Zuschrift. Ich konnte mir bis dato nie vorstellen, dass Mathematiklehrer ein Sexualleben besitzen. Dein Fall beweist, es gibt doch noch Menschlichkeit in deinem knochigen Lehrfach und zeigt weiters, wie wenig die Menschheit doch über die seltene Spezies Mathematiklehrer weiß.

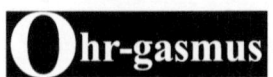

# Ohr-gasmus

*Michael B. (31) aus K. fragt:*

**Lieber Herr Doktor Klugscheiss!**

**Neulich nachts war meine Freundin voll erregt und hat mir mit ihrer Zunge ins Ohr gepopelt. Ich bin total erschrocken, so eine Schweinerei! Dabei hat sie auch noch wie wild gestöhnt und immer wieder geschrien "ahh, ja, jetzt, jaaa". Ekelhaft! Mir wäre fast das Trommelfell geplatzt. Was mich aber noch mehr bedrückt ist folgende Frage: Kann Zunge im Ohr den Gehörgang schädigen? Wie kann ich mich vor solchen Attacken schützen?**

*Antwort von Dr. Detlev Klugscheiss:*

Lieber Michael B. aus K.

Zu Frage 1: Für den Gehörgang ist diese Behandlung positiv, waschen hat noch nie geschadet. Falls jedoch das Ohrenschmalz zu weit nach innen geschoben wird, kann es eventuell die Gehirnwindungen verkleben. Das hat in etwa den gleichen Effekt wie eine BSE-Erkrankung. Dieses direkte Schreien ins Ohr ist jedoch der Gesundheit sehr förderlich. Es werden

dadurch die Ohrenhaare gewissermaßen durchgekämmt, was ja mit einem normalen Kamm nur schwer möglich ist.

Zu Frage 2: Zunge im Ohr vermeidet man, indem man frischen Knoblauch presst und langsam in den Gehörgang träufelt. Anschließend soll ein Kopfhörer aufgesetzt und eine enge Badekappe darübergezogen werden. Auch ein Mehlwurm im Gehörgang würde züngelndes Eindringen verhindern, da diese Tiere normalerweise von Menschen nicht so gerne mit der Zunge berührt werden.

# Gefährliche Nüschelschläge

*Margit L. (16) aus W. fragt:*

**Hallo Herr Dr. Klugscheiss!**

**Meine Mutter hat gedroht, wenn ich nächstes Mal wieder so spät heimkomme, haut sie mir eine auf den Nüschel. Jetzt weiß ich nicht so genau, wo sich mein Nüschel befindet und ob ich ernsthaft gefährdet bin. Wissen Sie, ob das weh tut und wie ich mich schützen kann?**

*Antwort von Dr. Detlev Klugscheiss:*

Liebe Margit L. aus W.

Der Nüschel ist die weiche Stelle zwischen Oberknaspe und Knomenbein, ein Schlag darauf schmerzt fürchterlich! Außerdem ist der Nüschel sehr sensibel und könnte durch einen Schlag bewirken, dass du plötzlich nicht mehr ordentlich brudeln kannst, oder das Plöppel zu schmargeln beginnt. Wenn dann noch die Froke knobt, solltest du unbedingt den Haitumax beobachten, damit das Zauder und der Jumat ruhiggestellt werden kann. Alles in allem würde ich dir raten, besser pünktlich daheim zu erscheinen, denn die Gefahren, denen du durch deinen Ungehorsam ausgesetzt bist, stehen in keinem Verhältnis zu einem Verhältnis, was vermutlich der Grund deines immerwährenden Zuspätkommens sein dürfte.

# Männer mögen's seltsam

*Cornelia B. (30) aus P. fragt:*

( scharfe **M**ieze )

**Lieber Herr Doktor Klugscheiss!**

**Eigentlich bin ich ja voll die scharfe Mieze. Aber seit ich im Urlaub war und beim Sonnen meine Sonnenbrille aufgehabt habe, werde ich oft mit einem Waschbär verglichen. Ich kann mir das einfach nicht erklären, hätte ich die Brille doch besser abnehmen sollen? Außerdem bekomme ich oft seltsame Komplimente wie: "Mei hast du Krautstampfer!" Das macht mich total fertig, wo ich doch so ein fesches Madl bin. Bitte helfen sie mir schnell, sonst bekomme ich Komplexe. Ich will doch einfach nur geil auf Männer wirken, damit ich auch ab und zu einen abbekomme!**

*Antwort von Dr. Detlev Klugscheiss:*

Liebe Cornelia B. aus P.

Ein Waschbärvergleich würde sich aufdrängen, solltest du zu den weißen Flecken um die Augen ein dunkles Fell besitzen. Bist du jedoch unbehaart, sind deine Bekannten nur von perversen Phantasien geplagt und du brauchst dieses Gelaber nicht zu beachten. Was du als Kompliment auf-

fasst ist in Wahrheit eine ganz banale Frage: "Hast du Kraut-stampfer?" Du sagt einfach "ja" wenn du welche hast und "nein" wenn du solche Geräte nicht besitzt. Ein Komplex in dieser Richtung "geil auf Män-ner" ist unangebracht. Da Män-ner grundsätzlich immer geil sind und zudem grundsätzlich einen sehr zweifelhaften Ge-schmack besitzen, kannst du sicher sein, mit jedem Aus-sehen einen "ab" zubekommen. Wenigstens "ab und zu". Und vor allem, wenn du wirklich einen Krautstampfer besitzt. Deutsche Männer lieben Kraut und gestampftes ganz be-sonders.

# alzlawinengefahr

*Frau W. (43) aus G. fragt:*

**Sehr geehrter Herr Dr. Klugscheiss!**

**Bei mir treten Probleme im Haushalt auf, die sind echt schwerwiegend (ich hab's schon im Kreuz puh). Wissen Sie, seit wir so viel Schnee hatten, isst mein Mann jeden Morgen 5 Brezen, von denen er akribisch die Salzkörner abpult. Er sagt, die bräuchten wir zum Streuen. Mittlerweile sieht mein Mann selbst aus wie eine Lawine. Gibt es nicht eine andere Möglichkeit, der Glatteisgefahr zu begegnen?**

*Antwort von Dr. Detlev Klugscheiss:*

Liebe Frau W. aus G.

Manische Salzstreuanfälle kann man nur durch einen Umzug in schneelose Gefilde heilen. In der Wüste Gobi (nicht zu verwechseln mit der wüsten Claudia), kommen Schneefälle selten vor; ein Aufenthalt dort beseitigt wüstes Fingerwundpulen an Salzbrezeln, zumal es solche dort auch nicht gibt. Dein Mann wird dort niemals mehr mit einer Lawine zu verwechseln sein, möglicherweise jedoch mit einem Wiener Schnitzel. Das ist aber immerhin knackig appetitlich und ein wahrer Augenschmaus. So bestäubt wird er dir sicherlich sehr angenehm auffallen.

# Desperado olé

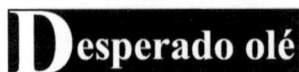

*Jürgen S. (32) aus G. fragt:*

**Verehrter Herr Dr. Klugscheiss!**

**Ich war Gastronom einer bekannten Kneipe und frage mich seit einiger Zeit, wie man wohl die Zitrone aus der leeren Desperado-Flasche bekommt?**

*Antwort von Dr. Detlev Klugscheiss:*

Lieber Jürgen S. aus G.

Soweit ich informiert bin, ist Desperado ein Tequila-Bier, dessen Flaschenöffnung man vor dem Trinken mit einer Zitronenscheibe desinfiziert. Dieses Bier stammt aus Mexiko. Mexiko ist auch die Heimat einer Schmetterlingsart, dem sogenannten Zitronenfalter, der sich seit Generationen ausschließlich in leeren Desperado-Flaschen vermehrt. Während der Paarung produzieren die Männchen sogenannte Zitrusmolpen, das sind unfruchtbare Falterspermien, die total sauer wegen ihrer Unfruchtbarkeit sind und sich auf den Zitronenscheiben ansaugen. Die Zitronenscheiben, obwohl selbst sehr sauer, sind von der Säure dieser Molpen entsetzt und rollen, bzw. falten sich schützend zusammen, sodass die Brauereiangestellten die Flasche nur umdrehen brauchen und schon fällt die zusammengerollte, völlig verängstigte Zitronenscheibe heraus. Man beachte, dass der Tiername "Zitronenfalter" eigentlich, bzw. zugleich eine Berufsbezeichnung ist.

# Senf-Aktien

*Doris D. (19) aus K. fragt:*

**Verehrter Dr. Klugscheiss!**

**Meine Freundin hat gesagt, es gibt in Bayern eine Institution bei der man Weißwurstsenf adoptieren kann. Das soll so was ähnliches sein wie Aktienkauf oder so. Jedenfalls kann man da unheimlich viel Geld machen. Dieser Gedanke beschäftigt mich so sehr, dass ich schon Durchfall bekommen habe. Was soll ich nur tun?**

*Antwort von Dr. Detlev Klugscheiss:*

Liebe Doris D. aus K.

Das Adoptieren von Weißwurstsenf ist eine alte Methode, Senf länger haltbar zu machen, quasi zu konservieren. Die Liebe und Zuwendung eines Menschen, die der Senf spürt, gibt ihm eine enorme Lebensfreude und veranlasst ihn, niemals zu schimmeln oder auf irgendeine andere Art zu verderben. Dieser Aspekt erregte in den 20er Jahren enormes Aufsehen und veranlasste eine internationale Versuchsanstalt, dieses Phänomen genauer zu studieren. Ein attraktiver Wertpapierfonds sollte die Bevölkerung zum Mittesten anregen, um ein weit gestreutes Versuchsklientel und breitgefächerte wissenschaftlich fundierte Testergebnisse zu erlangen. Gemäß einer internen Ausschreibung erhalten die Adoptiveltern desjenigen Senfs, der die längste Lebensdauer aufweisen kann, eine 7stellige Summe aus dem Weißwurstsenfadoptivfonds der bayrischen Fleischveredlungsgesellschaft (BFVG) und der Weißwurstinnung (WWI). Gegen Denkdurchfall eignet sich übrigens eine Messerspitze eines 60jährigen gut abgelagerten Meerrettichs, anal verabreicht.

# Zweifel an Kompetenz

*Dr. Markus B. aus N. fragt:*

**Sehr geehrter Herr Kollege!**

**Indem dass Sie auf persönlichste Fragen hilfe- und/oder ratsuchender Mitmenschen solch unverschämte und/oder unsachliche Antworten geben, zweifle ich sowohl an Ihrer Qualifikation, als auch an Ihrer Kompetenz. Weiters stelle ich Ihre guten Absichten Ratsuchenden gegenüber sehr in Frage. Meiner Meinung nach sind Sie finanziell und auch geistig eine arme Sau, wenn Sie Ihren beruflichen, der Schweigepflicht unterliegenden Schwachsinn öffentlich darstellen. Das ist reine Profilierungssucht! Oder wird dieser Job so gut bezahlt? Wenn ja, wieviel sacken Sie ein? Gibt es noch eine freie Stelle? Können sie einen hochqualifizierten Co-Berater gebrauchen?**

*Antwort von Dr. Detlev Klugscheiss:*

Sehr geehrter Herr Kollege B. aus N.!

Dank Ihrer leichtverständlichen Schreibweise und Ihrer unbestechlichen Konsequenz haben Sie sicherlich gute Aussichten auf eine schriftliche Beratertätigkeit. Leider nicht in den Medien, in denen ICH meine kompetenten Ratschläge erteile, denn es besteht eine vertragliche Regelung, dass ICH der einzige Millionär in diesem medizinisch/psychologisch beratenden Kollegen-Sauhaufen sein werde. Trotzdem vielen Dank für Ihr Interesse.

# Pubertätskrise

*Beate D. (33) aus M. fragt:*

**Lieber Herr Dr. Klugscheiss!**

**Meine Mama sagt, es ist vollkommen normal, dass das Gesicht, der Hals und die Oberschenkelinnenseite während der Pubertät von Pickeln überwuchert ist. Aber es geht mir alles tierisch auf den Keks und meine Fingernägel kriege ich auch nicht mehr sauber von dieser ewigen Kratzerei. Außerdem werde ich nächsten Monat 34 Jahre alt. Bitte Herr Doktor, wie lange dauert normalerweise eine Pubertät? Wie kriege ich sie weg und was ist das eigentlich?**

*Antwort von Dr. Detlev Klugscheiss:*

Liebe Beate D. aus M.!

Dein Problem ist mir bestens bekannt, viele Blondinen haben dieses Schicksal. Es gibt ein 100%iges Mittel gegen aufplatzende oder abblätternde Haut, es ist jedoch nicht ungefährlich in der Anwendung und sollte nur von einem erfahrenen Hautarzt ausgeführt werden. Bei dieser Methode wird dem Patienten ein Müllsack über die erkrankten Körperteile gezogen und mit einer Vakuumpumpe luftleer gesaugt. Der Müllsack legt sich dabei fest über die Pickel und erstickt sie. Zu deiner anderen Frage liebe Beate, die Pubertät heißt Pubertät, weil Bubi gerne tät und Mädi sich nicht traut und sie dauert manchmal länger als erwartet.

# Unsichere Hochzeitsnacht

*Manuela B. (41) aus W. fragt:*

**Sehr geehrter Herr Dr. Klugscheiss!**

**In 38 Tagen und 14 Stunden findet meine Hochzeit statt. Ich bin jedoch sexuell sehr unerfahren und würde gerne noch einen Testlauf machen, damit mein Mann nichts merkt. Darf ich das, obwohl ich verlobt bin? Wenn nicht, wie soll ich mich im Ehebett verhalten?**

*Antwort von Dr. Detlev Klugscheiss:*

Liebe Manuela B. aus W.

In deinem Alter ist Unerfahrenheit völlig normal und du brauchst dich dessen nicht zu schämen. Sexuelle Erfahrungen machen Menschen ausschließlich in der Ehe und mit deinem Zukünftigen wirst du bestimmt noch einiges erleben. Du brauchst also keine Frösche küssen, wenn du bald den Prinzen besitzt. Nimm in der Hochzeitsnacht einen netten Liebesroman mit in dein Bett und lese deinem Gatten mit zärtlicher Stimme vor. Männer lieben das, sie entschlummern sanft und träumen dann von riesigen Torten, von Fässern voller Bier, oder fluffigweichen Couchen vor haushohen Fernsehern. Das ist maskuliner Sex pur! Wird ein Mann solchermaßen vor dem Einschlafen verwöhnt, wird er dir treu ergeben sein und du darfst dich auf eine lange, weilige und glückliche Ehe freuen.

132

# Auto verschmäht - was nun?

*Blasius M. (37) aus T. fragt:*

**Verehrter Dr. Klugscheiss!**

**Ich wohne in einer sehr lebhaften Kleinstadt. Vor drei Tagen habe ich mein Auto in eine öffentliche Tiefgarage gestellt. Heute habe ich nachgesehen, es steht immer noch da. Das ist bei uns nicht normal! Ist mein Auto so unattraktiv? Muss ich mich schämen, in meinem Alter ein Auto zu fahren, das keiner haben will?**

*Antwort von Dr. Detlev Klugscheiss:*

Lieber Blasius M. aus T.

Mache doch einfach den Selbsttest. Wenn du die Telefonnummer deiner Autowerkstatt auswendig weißt, kannst du mit Sicherheit behaupten, dass du eine Saukarre besitzt. Wenn es deinem Selbstwertgefühl hilft, dass dein Auto geklaut wird, hänge einfach einen Zettel mit folgendem Text an die Scheibe: In diesem Fahrzeug ist ein Haufen Bargeld sehr gut versteckt. Bitte nicht berühren! Die zweite Empfehlung wäre ein Kurzurlaub in Polen. Bleibt dein Auto auch dort unangetastet, kannst du es ohne weitere Bedenken in die Tonne treten und dich selbst, du Versager, gleich mit dazu.

# Kotzender Pleitegeier

*Walter N. (19) aus M. fragt:*

**Hallo Herr Doktor Klugscheiss!**

**Neulich habe ich meinen Kontoauszug von der Bank per Post zugeschickt bekommen. Erst hab ich mich über diesen ungewöhnlichen Service sehr gefreut, doch dann hab ich den Wisch gelesen und bemerkt, dass die Bank wissen will was ich zu tun gedenke, weil ich vollkommen pleite bin. Das ist schlimm und kotzt mich voll an. Nun ist mein Magen total leer, doch es kotzt mich weiter an, obwohl ich mir ab jetzt kein Essen mehr kaufen kann. Wie kann das sein?**

*Antwort von Dr. Detlev Klugscheiss:*

Lieber Walter N. aus M.

Um ständiges Ankotzen zu verhindern ist es notwendig, den Kotzdruck zu erhöhen. Dies erreicht man durch das Einsaugen von Luft in den Dickdarm.

Dazu legt man sich auf den Rücken, umschlingt mit beiden Armen die angewinkelten Beine und streckt das Hinterteil in die Höhe. In dieser vollkommen entspannten Stellung ist es ganz einfach, Luft durch die Darmöffnung einzusaugen. Wichtig ist nun, diese Luft nicht entweichen zu lassen, sondern sie dazu zu verwenden, dem Kotzgefühl eine solide Unterlage zu ermöglichen. Als Gegendruck quasi, um eine hohe Schubkraft zum Auswurf zu bekommen. So kann ungehemmt gekotzt werden, ohne dass man sich bekleckert. Mit der Kraft des Darms, der so gewissermaßen als Kompressor fungiert, erreicht man Kotzweiten bis zu drei Meter, was völlig ausreicht, um sich niemals zu bekleckern und fröhlich unbesudelt durchs Leben zu schreiten, egal wie besorgniserregend der Kontostand ist.

# ussbeule

*Siegfried U. (21) aus T. fragt:*

**Verehrter Doktor Klugscheiss!**

**Letzte Woche in einer Disco hat sich ein fremdes Mädel an meinen Hals gehängt und mich geküsst. Sogar mit Zunge! Dann trat sie einen Schritt zurück und haute mir links und rechts in die Fresse. Was soll das bedeuten?**

*Antwort von Dr. Detlev Klugscheiss:*

Lieber Siegfried U. aus T.

Übertriebene Eitelkeit dieses Mädchens ist die Ursache dieses Missverständnisses. Ein sehr schlecht sehender Mensch, der keine Brille tragen möchte, muss sich auf andere Weise durch das Leben tasten. Das tat diese junge Dame offenbar. Küssende Menschenerkennung ist zwar nicht ganz alltäglich, jedoch eine gute Methode seine Bekannten zu finden. Du warst, wie du selbst feststellst, nicht mit ihr bekannt. Dieses Nichterkennen wollte das Mädchen durch die zwei Maulschellen zum Ausdruck bringen.

135

# Schön oder allerschönst

*Stefan F. (23) aus B. fragt:*

**Sehr geehrter Dr. Klugscheiss!**

**Vor zwei Monaten sagte meine Freundin zu mir, ich sei doch der Allerschönste. Dann ging sie aus dem Zimmer, schlug die Türe zu und verschwand. Bis heute hab ich sie nicht mehr gesehn. Ich weiß doch selber dass ich schön bin, wie soll ich ihr Verhalten deuten?**

*Antwort von Dr. Detlev Klugscheiss:*

Lieber Stefan F. aus B.

Deine Freundin hat offensichtlich einen Komplex. Sie kann es nicht ertragen, dass ein Mann schöner ist als sie. Dabei sollte sie wissen, dass Männer immer schöner sind als Frauen, sie braucht dazu nur einmal in die Natur zu sehen. Denke doch nur an die herrlichen Fasanmännchen mit ihren hässlichen, unauffälligen Tussen. Oder die wunderbaren Krokodilherren mit ihren ausgebeulten Handtaschen. Wenn du deine Freundin wieder einmal triffst, verkleide dich einfach als Karl Dall. Vielleicht hast du dann die kleine Chance, ein wenig hässlicher zu sein. Ein weiterer Tipp ist, lege dir eine Gurkenmaske auf's Gesicht. Es heißt zwar, sie macht schön und straffe Haut etc., aber in Wahrheit übertriffst du alle Hässlichkeitsrekorde und deine Freundin wirkt richtig hübsch neben dir.

# **W**ände haben **A**ugen

*Tine F. (14) aus B. fragt:*

**Hallo Herr Dr. Klugscheiss!**

**Mein Bruder ist vor kurzem ausgezogen. Er hat zu Hause seine Pupillen vergessen. Was soll ich nur tun? Sie kleben an der Wand und ich kriege sie mit sämtlichen Putzmitteln nicht weg. Bitte helfen Sie mir schnell.**

*Antwort von Dr. Detlev Klugscheiss:*

Liebe Tine F. aus B.

Leider kann ich dir nur einen schriftlichen Ratschlag geben, denn beim Putzen helfen Psychologen grundsätzlich nicht. Pupillen an der Wand solltest du sammeln, denn sie sind relativ selten. In den meisten Fällen haben die Wände ausschließlich Ohren. Außerdem sind Pupillen an der Wand wesentlich besser aufgehoben, als z. B. im Linseneintopf. Augen im Linseneintopf sind äußerst besorgniserregend, vor allem wenn der Kopf noch dran hängt. Doch aber nun zu deinem eigentlichen Anliegen. Von Wänden können Pupillen mit keinem Putzmittel der Welt entfernt werden. Die von Pupillen befallene Wand musst du abreissen lassen. Das ist jedoch sehr vorteilhaft, denn dann hast du eine wundervolle Aussicht und kannst sehr schön deinen Bruder beobachten, wie er sich pupillenlos den Schädel verbeult.

# Elchiger Albtraum

*Michael K. (19) aus M. fragt:*

**Sehr geehrter Herr Dr. Klugscheiss!**

**Seit diesem schrecklichen Testunfall der Mercedes A-Klasse vor einigen Jahren, kann ich nicht mehr richtig schlafen, habe Essstörungen und Durchfall. Mir tun diese armen Elche so unsagbar leid!!! Wie kann ich mich von diesem Trauma befreien?**

*Antwort von Dr. Detlev Klugscheiss:*

Lieber Michael K. aus M.!

Dieses Elchproblem ist ja schon eine Weile her und eigentlich ein alter Hut. Offenbar bist du ein Übersensibelchen, da du dich immer noch mit einem bereits gelösten Problem auseinandersetzt. Jedoch halten sich weiterhin hartnäckige Gerüchte, dass jeden Dezember Weihnachtsgänse für "Elchbra-

ten unterm Christbaum" demonstrieren, da sie der Meinung sind, ein überfahrener Elch könnte 34 Gänsen das Leben retten. Was mengenmäßig wohl hinkommen würde, aber Mercedes hat die A-Klasse damals zurückgerufen und das Elchkil-lerproblem beseitigt. Wer sollte nun die Forderungen der Gänse erfüllen? Somit hätten sich wohl deine Schlafstörungen erledigt. Keine kippende A-Klasse, keine toten Elche, kein Durchfall.

# Opa fordert Dank

*Manuela L. (25) aus N. fragt:*

**Sehr geehrter Herr Dr. Klugscheiss!**

**Mein Opa hat mich neulich angebrüllt, er hätte sich jahrelang für mich krummgelegt und von mir kein einziges Dankeschön erhalten. Bin ich jetzt daran schuld, dass er so gebückt geht? Ich bin mir keiner Schuld bewusst. Sollte ich ihm eventuell doch danken?**

*Antwort von Dr. Detlev Klugscheiss:*

Liebe Manuela L. aus N.

Vermutlich war dein Opa Matratzentester in einem Betteninstitut, oder er belauschte für eine Pizzafabrik das Wachstum der Pilze am Waldboden. Das alles erfordert großen Zeitaufwand, dazu muss man sich sehr lange krummlegen. Bestimmt hat er es deswegen getan, damit du es nicht tun musstest. Deshalb bist du jetzt auch schuld an seinem gebücktem Gang. Leider kannst du das nie mehr gutmachen. Das beste wird sein, du wanderst aus und lässt dich als Einsiedlerin in den Hochregionen der Anden nieder. Alternativ könntest du ins Kloster gehen. Die letzte Möglichkeit bestünde darin, einen fetten Kredit aufzunehmen, um deinem Opa eine Yacht plus Weltreise zu spendieren. Das würde ihn von seinem Problem ablenken und wenn du ihn waagrecht auf der Yacht lagerst sieht er trotz krummen Rückens noch etwas von der Welt.

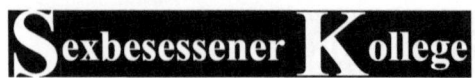

# Sexbesessener Kollege

*Gabi und Rosl aus B. fragen:*

**Verehrter Herr Doktor Klugscheiss!**

**Wir sind zwei völlig verzweifelte Mitarbeiterinnen und haben in unserer Firma einen sexbesessenen Arbeitskollegen. Man kann sich mit ihm wirklich nur über Sex unterhalten. Was können wir unternehmen, damit wir uns wenigstens einmal normal mit ihm unterhalten können?**

*Antwort von Dr. Detlev Klugscheiss:*

Liebe Gabi und Rosl aus B.

Wenn der Kollege immer nur bellt, dann beißen Sie! Ein Sprung über den eigenen Schatten ist die einzige Methode, die in solchen Fällen zum Erfolg führt. Nehmen Sie Ihren Kollegen beim Wort, erfüllen Sie zu zweit seine kranke Phantasie, zelebrieren Sie solange ausgefeilte sexuelle Praktiken, bis ihm das Blut in den Adern kocht. Ist er ausreichend gequält und ausgepowert, wird er in seinen Äußerungen sexuelle Anspielungen tunlichst vermeiden, um Sie nur ja nicht zu irgendwelchen Aktivitäten zu animieren, die ihn an den Rand seiner Kondition befördern.

# Schweißtreibende Parkplatzsuche

*Max F. (28) aus A. fragt:*

**Sehr geehrter Dr. Klugscheiss!**

**Immer wenn ich mit meinem Auto auf Parkplatzsuche bin, habe ich fürchterliche Angstzustände. Das äußert sich in feuchten Füßen, verkrampften Oberschenkeln und enormen Schweißausbrüchen. Durch diesen Schweißdampf beschlagen die Scheiben derart, dass ich den Wagen auf der Stelle abstellen muss, um keinen Unfall zu verursachen. Das brachte mir schon einige Strafzettel wegen Falschparkens ein. Wie kann ich meine Parkangst besiegen?**

*Antwort von Dr. Detlev Klugscheiss:*

Lieber Max F. aus A.

Schlage einfach mit einem Hammer die Scheiben deines Autos ein. Dadurch hast du weder beengende Ängste, noch Sorgen mit dem Durchblick. Diese Methode hat zwei weitere Vorteile:

1.: Der Mief deiner Feuchtfüße kann ungehindert aus dem Wageninneren entweichen. Der Nutzen dabei - du ersparst dir die Hupe, da dich alle Passanten rechtzeitig erriechen.

2.: Dank fehlender Windschutzscheibe entfällt der Scheibenwischer und die Ordnungshüter haben keine Möglichkeit, dir einen Strafzettel zu verpassen.

# permenkiller

*Anton L. (32) aus A. fragt:*

**Sehr verehrter Herr Doktor Klugscheiss!**

**Seit Jahren plagt mich das schlechte Gewissen. Nach jedem Samenerguss muss ich daran denken, dass all diese kleinen, unschuldigen Spermien qualvoll verrecken müssen, nur weil ich mir wieder mal einen runtergeholt habe. Bitte, bitte, helfen Sie mir aus meinem Gewissenskonflikt, sonst bekomme ich keinen mehr hoch!**

*Antwort von Dr. Detlev Klugscheiss:*

Lieber Anton L. aus A.

Sie sind eine unbeherrschte Wildsau, wenn Sie ständig überall Ihren Samen verschleudern. Sie ermorden ihre Nachkommen quasi mit eigener Hand und es ist nur gerecht, wenn Ihr Schleimstengel nicht mehr funktioniert. Sollten Sie wieder einmal solch animalische Triebe heimsuchen, spenden Sie Ihren Samen für einen guten Zweck. Tapetenkleisterfirmen suchen oft verzweifelt jahrelang üppig überquellende Lieferanten.

# M ähdrescher

*Katrin E. aus S. fragt:*

**Lieber Herr Doktor Klugscheiss!**

**Letzte Woche habe ich etwas Erschütterndes erfahren und brauche nun Ihre Hilfe. Ich bin eine große Tierschützerin und erfuhr nun von einem Bekannten, dass es bei uns Leute gibt, die ihre Schafe schlagen (sogenannte Mäh-drescher!)! Meine Frage: Wie kann ich diesen Wahnsinn stoppen und wie erkenne ich überhaupt einen Mähdrescher?**

*Antwort von Dr. Detlev Klugscheiss:*

Liebe Katrin E. aus S.

Bei deinen Bedenken handelt es sich um einen weitverbreiteten Irrtum. Mähdrescher sind keinesfalls Schafe schlagende Zeitgenossen, vielmehr werden Mähdr-escher wie hier dargestellt geschrieben. Diese Mähdr sind ein wenig bekannter lukbratinischer Volksstamm, der sich entweder von Ahorn- oder Eschenlaub ernährt. Man unterscheidet dadurch den Mähdr-ahorn und den Mähdr-escher. Mähdr sind großgewachsene Menschen mit langen Rohren. Aus diesem Grund wurden die bekannten Erntemaschinen nach ihnen benannt. Im übrigen werden Schafe nicht geschlagen, sondern gewollt. Daraus entstehen dann die wolligen Winterpullis.

# Millionärsblindheit

*Peter S. (43) aus E. fragt:*

**Verehrter Herr Dr. Klugscheiss!**

**Vor einigen Monaten wurde ich durch eine Erbschaft zum mehrfachen Millionär. Leider geht es mir sehr schlecht dabei. Früher konnte ich mir nur einmal am Tag eine Gulaschsuppe leisten, jetzt spielt es finanziell überhaupt keine Rolle, wenn ich 15 Gulaschsuppen am Tag esse. Das Problem ist nun, ich bin zwar wirklich immer schön satt, aber ich kann unerklärlicherweise keine Gulaschsuppe mehr sehen! Werde ich blind?**

*Antwort von Dr. Detlev Klugscheiss:*

Lieber Peter S. aus E.

Wenn du immer nur einfache Gulaschsuppe zu dir nimmst, gewöhnen sich deine Augen an das immer gleiche Nahrungsbild und du erblindest innerhalb 12 Wochen. Abhilfe schafft eine phantasievolle Gulaschsuppenkrea-

tion. Gewürzt mit Tomatenketchup, verfeinert mit Mayonaise, pikant zubereitet mit Matjesfilet, exotisch angereichert mit Ananasmarmelade, es gibt viele Möglichkeiten, Gulaschsuppe abwechslungsreich zu gestalten. So wird dein Essen zum attraktiven Lustfaktor, du verdrückst locker 24 Gulaschsuppen pro Tag, hast nie mehr Probleme mit den Augen und kannst dich endlich an deinem Millionärsdasein erfreuen.

# ussschwanger

*Julia N. (20) aus B. fragt:*

**Hallo Herr Doktor Klugscheiss!**

**Vor drei Jahren hab ich mich in einen ganz lieben Boy verliebt und er sich in mich und wir haben die ganze Zeit zusammen verbracht und es war richtig lieb alles und super. Letzte Woche ist er aber irgendwie ausgeflippt, weil da hat er mich plötzlich geküsst. Auf den Mund. Und seine Zunge hat er mir innen rausgestreckt. Naja, ich hab´s nicht gesehn, aber gespürt im Mund, wissen Sie? Ich finde das richtig gemein, weil man darf Menschen nicht die Zunge rausstrecken, schon gar nicht wenn man verliebt ist. Außerdem bin ich jetzt wahrscheinlich schwanger, weil ich noch nie verhütet habe. Was soll ich nur tun? Ich bin ganz verwirrt.**

*Antwort von Dr. Detlev Klugscheiss:*

Liebe Julia N. aus B.

Dein Boy hat dir die Zunge nicht raus, sondern reingesteckt. Das ist ein gewaltiger Unterschied. So negativ das Zunge rausstrecken zu bewerten ist, so lieb und positiv ist das Reinstrecken dieses Organs gemeint. Natürlich hättest du vorher verhüten müssen. Diese Mundhöhlenschwangerschaft hast du ganz alleine deiner Nachlässigkeit und Schlamperei zuzuschreiben. Dagegen kannst du im Nachhinein nichts mehr ändern. Das sind die Lebenserfahrungen, die jeder junge Mensch selbst sammeln muss, da bist du keine Ausnahme und da kann dir auch niemand helfen.

# Blaues Problem durch Kantinenkoch

*Alois B. (31) aus A. fragt:*

**Allerverehrtester Herr Doktor Klugscheiss!**

**Unser Kantinenkoch, der wo mein oberster Chef ist, hat mich letzte Woche beim Gurkenhobeln von hinten begrabscht. Ich bin so erschrokken. Es war zwar nicht so schlimm, weil er nicht lange gebraucht hat und in der Arbeitszeit war es auch. Da hab ich nicht viel gesagt, weil ich einen guten Stundenlohn habe. Es hätte auch niemand gemerkt, doch jetzt hat meine Frau gesagt, dass ich total blau bin, hintenrum und wo ich das herhab. So ein Mist! Ich hab echt Schwierigkeiten jetzt und weiß nicht was ich ihr sagen soll. Was raten Sie mir?**

*Antwort von Dr. Detlev Klugscheiss:*

Lieber Alois B. aus A.

Ehefrauen verstehen es in den seltensten Fällen, wenn ihre Männer hintenrum blau sind. Wenn die Kerle ganzkörper- und hirnmäßig total blau sind, sind die Damen zwar auch nicht begeistert, doch das verstehen sie zumindest. Somit hast du einen echten Erklärungsnotstand. Das Beste ist, du schiebst deinem Chef alle Schuld in die Schuhe. Auch wenn in den Schuhen das Schuldgefühl in Wirklichkeit völlig deplatziert ist, weil die eigentliche Schuld bei deinem Chef ja mehr vornerum beheimatet ist, so sind die Schuhe doch meist der bessere Schuldzuweisungsort. Sie sehen danach immer so betreten aus. Sobald du das getan hast, wird sich deine Frau wieder beruhigen. Achte in Zukunft darauf, wenn du wieder einmal mit deinem Chef zusammen die Gurke hobelst, dass du hintenrum frei stehst, damit nicht wieder blaue Verfärbungen auftreten können. Lässt du diese Vorsichtsmaßnahme außer Acht, besteht die Gefahr einer großflächigen Blaufärbung deines Körpers durch eine Zurechtweisung mittels Nudelholz, wegen eifersüchtiger Ungewissheit seitens und dank deiner Frau Gemahlin.

# 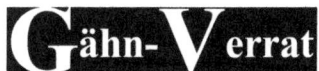Gähn-Verrat

*Willi G. (33) aus F. fragt:*

**Verehrter Herr Doktor Klugscheiss!**

**Warum muss man sich beim Gähnen die Hand vor den Mund halten?**

*Antwort von Dr. Detlev Klugscheiss:*

Lieber Willi G. aus F.

Das Verdecken des offenen Rachens dient zur Verbergung der eigenen Identität, bzw. des Charakters. Menschliche Schwächen oder Fehler können von jedermann sofort am Gaumenzäpfchen erkannt werden. Schimmert es um das Zäpfchen hell, so handelt es sich um einen "hohlen Typen", denn es strahlt Licht vom Darmausgang nach oben. Zittert das Zäpfchen im Wind, besitzt der Mensch einen direkten Ohrdurchzug. Das sind die beiden wichtigsten Geheimnisse, die durch unachtsames "offenes Gähnen" verraten werden können.

# Telefonseelsorge macht mich pleite

Sonja M. (42) aus N. fragt:

**Sehr geehrter Doktor Klugscheiss!**

**Leider habe ich andauernd Probleme und die sind sehr verschieden und dann weiß ich nicht was ich tun soll und dann rufe ich meine beste Freundin an und dann erzähle ich ihr das was mich schafft und dann sagt sie mir was sie dazu meint und dann gehts mir irgendwie auch gleich wieder besser. Leider hat aber meine Freundin nur ein Handy und das ist dann schon sehr teuer, weil wenn ich da anrufe und wir über meine Sorgen reden, dann kann das schon ein paar Stunden dauern und dann muss ich die ganze blöde Telefonrechnung bezahlen, obwohl nicht nur ich spreche, sondern auch meine Freundin. Ich finde das schon ein bisschen übertrieben von den Telefongesellschaften, es wäre doch gerechter, wenn so abgerechnet würde, dass immer derjenige zahlt, der gerade spricht, egal wer wen anruft. Weil, wissen Sie, meine Freundin ruft mich selbst nicht mehr an, weil sie sagt, dass wir immer nur über meine Sorgen reden. Das stimmt zwar, aber ich finde es trotzdem blöd. Können Sie mir irgendwelche Sondertarife empfehlen, oder was soll ich tun, dass meine Freundin mich anruft, oder wie krieg ich sonst meine Probleme weg?**

*Antwort von Dr. Detlev Klugscheiss:*

Liebe Sonja M. aus N.

Das Verhalten deiner Freundin ist schlichtweg skandalös. Es ist nicht zu fassen! Du stellst nicht nur deine Probleme kostenlos zur Verfügung, Du opferst freundlicherweise auch noch deine Zeit und dein Geld! Nachdem es ein Vergnügen ist, sich über Sorgen anderer zu unterhalten, wäre es nur gerecht, wenn sie dich mindestens dreimal täglich anruft und fragt, ob dich etwas bedrückt. Immerhin hat sie den größten Spaß daran. Du hast, wie ich deinem Schreiben entnehmen kann, genügend zu tun, um ständig neue Probleme zu bekommen. Das sollst du deiner sogenannten Freundin einmal ausführlich erklären. Falls sie stur ist und sie sich weiterhin immer nur anrufen lassen will, werden sich deine Fragen von selbst erledigen. Aufgrund der hohen Telefonrechnung wirst du es dir in absehbarer Zeit nicht mehr leisten können, aus dem Haus zu gehen. Schuhe, Auto, Bus, Kleidung usw. kosten eine Menge Geld. Geld, das du dank Telefonrechnung bald nicht mehr haben wirst. Der Vorteil dabei ist, dass dir durch das Herumsitzen am heimischen Herd keine neuerlichen Probleme entstehen, die du besprechen müsstest. Das heißt für dich: Vergiss deine anruffaule Freundin, denn bald hast nur noch ein einziges Problem: Du bist pleite! Und in diesem Fall hilft dir auch keine einzige Telefongesellschaft mehr.

# Fahrlässig

*Johanna T. (27) aus R. fragt:*

**Verehrter Herr Doktor Klugscheiss!**

**Ist mein Freund fahrlässig, weil er ständig einen fahren lässt?**

*Antwort von Dr. Detlev Klugscheiss:*

Liebe Johanna T. aus R.

Es kommt darauf an ob derjenige, der fahren gelassen wird, eine Fahrerlaubnis besitzt. Wenn dein Freund lässig einen fahren lässt, so ist er dadurch nicht automatisch fahrlässig. Fahrlässig ist er nur dann, wenn er einen lässigen Fahrer fahren lässt, der aber nur vorgibt, lässig oder zumindest Fahrer zu sein. Ich hoffe ich konnte dir mit meinen Ausführungen helfen.

149

# Schnippchen - Schnäppchen

*Marianne L. (28) aus G. fragt:*

**Sehr geehrter Herr Doktor Klugscheiss!**

**Kann man auch ein Schnäppchen schlagen, oder geht das nur bei Schnippchen? Welches Schmerzempfinden besitzen Schnippchen und worin besteht der Unterschied zwischen Schnippchen und Schnäppchen generell?**

*Antwort von Dr. Detlev Klugscheiss:*

Liebe Marianne L. aus G.

Schnippchen haben keinerlei Schmerzempfinden, ganz im Gegenteil. Sie müssen geschlagen werden, um überhaupt existieren zu können. Der

Unterschied zwischen Schnippchen und Schnäppchen ist eklatant. Ein Schnäppchen ist ein Jungfisch, der, wenn er vor Sonnenaufgang geangelt wird, besonders lecker schmeckt. Um dem Schnäppchen ein Schnippchen zu schlagen, gibt man es in ein Aquarium, setzt den Herd in Gang und lässt eine Pfanne mit Öl langsam warm werden. Des Schnäppchens Lebensziel ist es, sich in einer Pfanne voll siedendem Öl zu wälzen. Kann es das nicht, bzw. wird ihm dieser Zugang verweigert, verliert es allen Lebensmut und der weitere Lebensweg ist ihm völlig schnuppe. Aus diesem Grund bezeichnet man derart vergrämte Schnäppchen als Schnuppchen, dessen Schnippchen dann auch nicht mehr geschlagen werden kann.

Nun, Problem gelöst? Na also!

Es geht doch nichts über einen richtig kompetenten Ratgeber, nicht wahr? Dr. Klugscheiss bedankt sich hiermit höflichst für die Aufmerksamkeit.

Wie? Was? Sie hatten gar kein Problem? Sie wollten sich einfach nur amüsieren?

Sie sind also ein Seelenspanner gewissermaßen, das ist nicht nett. Nein, das ist gar nicht nett! Vermutlich haben Sie auch während Ihrer Pubertät Löcher in die Umkleidekabinen des Freibades gebohrt, oder heimlich an verschlossenen Türen gelauscht.

Stimmts?

Und Sie geben das auch noch zu?

Na Sie sind vielleicht ein Früchtchen!!!

Was soll's. Geben Sie die Hoffnung nicht auf. Immerhin haben Sie somit die besten Voraussetzungen für den 2. Teil von Dr. Klugscheiss' Wirrwahrheiten. Und darauf können Sie sich jetzt schon mal freuen.

Bis dahin herzlichst Ihr

Lukas Kaahs